1. ベトナム／ブウチャウ丘から見たチャーキュウ遺跡（1.1 節 図 3）

2. ベトナム／ゴーカム遺跡　焼失した木造建築の出土状況（1.1 節 図 35）

3. ベトナム／チャーキュウ遺跡出土の人面紋瓦当の例（1.1 節 図 24）

4. ベトナム／ミーソン聖域　B・C・Dグループの全景（1.1節　図40）

5. ベトナム／ポー・クロン・ガライ（1.1節　図56）

6. カンボジア／マヘンドラパルバータ　LiDAR 画像（1.2 節　図 5）

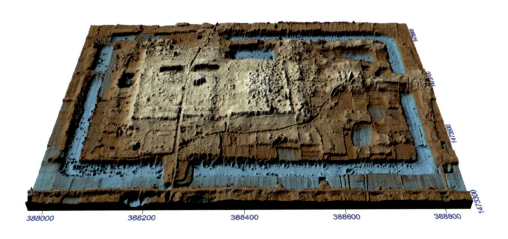

7. カンボジア／プレイ・モンティ宮殿　LiDAR 画像（1.2 節　図 7）

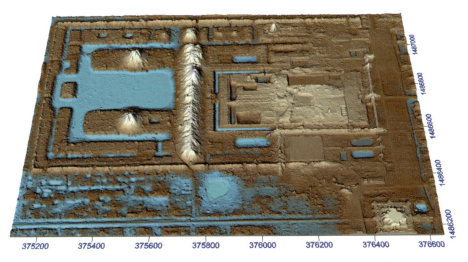

8. カンボジア／アンコール・トム宮殿　LiDAR 画像（1.2 節　図 10）

9. カンボジア／アンコール・ワットでの住居遺構の発掘調査（1.2節　図18）

10. カンボジア／アンコール・トムの王宮および王宮前広場の航空写真（1.3節　図4）

11. カンボジア／アンコール・トム王宮内、ピミアナカスの発掘調査　梁行の土台（1.3 節　図 12）

12. ミャンマー／バガン王宮の遺構（1.4 節　図 12）

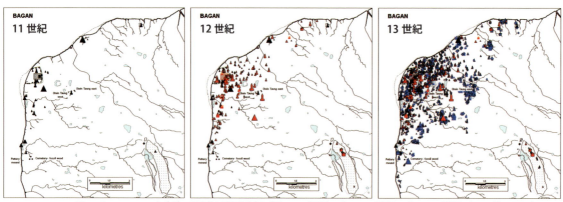

13. ミャンマー／バガン地域の発展過程（黒：11 世紀、赤：12 世紀、青：13 世紀／1.4 節　図 4）

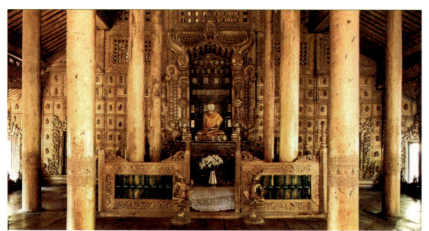

14. ミャンマー／シュエ・ナンドー僧院（1.4 節　図 36）

15. ミャンマー／バガンの復元された王宮（1.4節　図1）

16. ベトナム／バクニン省、寧福寺上殿の小屋組（2.1 節）

17. ベトナム／バクニン省、延應寺上殿の小屋組（2.1 節　図3）

18. ベトナム／ハノイ市出土、層塔型土製品細部（2.1 節）

19. ベトナム／ナムディン省ヴバン県出土、邸宅模型（2.1 節　図 46）

20. タイ／スコータイのワット・マハータート（2.2節 図1）

21. タイ／スコータイのワット・マハータート集会堂のラテライト列柱に残る仕口穴（2.2節 図3）

22. カンボジア／バッタンバン州、コー寺院（2.3節　図10）

23. カンボジア／コンポンチャム州、モハ・レアプ寺院（2.3節　図11）

24. カンボジア／バッタンバン州、プテア・クンの例（2.3節　図13）

25. タイ／スリヤボンサ王子の邸宅（1903年、2.4節　図4）

26. タイ／スリヤボンサ王子の邸宅　伝統的構法と西洋建築技術の折衷によるランナー式小屋組の変化（2.4節　図4）

27. タイ／ワット・マイトンセーン三蔵堂の保存修理前の損傷状況（3.1節　図4）

28. タイ／ワット・マイトンセーン三蔵堂の木造小屋組の損傷（3.1節　図6）

29. タイ／保存修復手法による建物の当初の工芸装飾の保存（3.1 節　図 16）

30. ラオス／ルアンパバーンの自然景観（3.2 節　図 2）

31. ラオス／ルアンパバーン遺産地区を構成する様々な歴史的建造物（3.2 節　図 4）

32. タイ／ランパーン、ワット・ポンサヌックの保存修理前［左］と修理後［右］（3.3節　図2）

33. ほとんど使用されていない伝統的な大工道具（3.3節　図11）

大陸部東南アジアの古代木造建築を考える

大陸部東南アジアの
古代木造建築を考える

Exploring the Ancient Wooden Architecture
in Mainland Southeast Asia

独立行政法人国立文化財機構
東京文化財研究所

カラー図版 _____ i
目次 _____ 4

序文　本書作成の背景、アジアにおける木造建築文化の地域性と普遍性　　7
　　　　金井　健

1　　古代木造建築を「考古学」から考える

1.1　考古学的および建築学的知見から見たチャンパの古代木造建築_____ 13
　　　山形眞理子、チャン・キィ・フォン

1.2　広域アンコールの居住パターンと考古遺構：民居から王宮まで_____ 39
　　　チャイ・ラッチャナー、ミリアム・スターク、
　　　ヘン・ピポル、アリソン・カイラ・カーター

1.3　アンコール・トム王宮の木製遺物と建築遺構_____ 51
　　　ジャック・ゴシエ

1.4　バガンの木造王宮の11世紀から今日まで_____ 67
　　　ボブ・ハドソン

2　　古代木造建築を「建築史学」から考える

2.1　考古学的知見から見た北部ベトナムの古代木造建築_____ 85
　　　友田正彦

2.2　スコータイとピッサヌロークの古代木造建築　　　　　　　　　　　　　109
　　　ナッタヤー・プーシー

2.3　カンボジアとミャンマーにおける木造建築の伝統と発展過程に関する比較検討　　125
　　　フランソワ・タンチュリエ

2.4　タイにおける木造建築技術の発展および周辺地域との相互影響　　　　　　151
　　　ポントーン・ヒエンケオ

3　木造建築を「保存」する

3.1　タイにおける木造建築遺産の保存修理　　　　　　　　　　　　　　　167
　　　ポントーン・ヒエンケオ

3.2　ラオス・ルアンパバーンにおける木造建築遺産の保存修理　　　　　　　193
　　　セントン・ルーヤン

3.3　国際的視点から見た東南アジア木造建築遺産保存修理の現状と課題　　　205
　　　モンティーラー・ウナークン

**総論　東南アジアにおける木造建築史研究と
　　　　　木造建築遺産保護をめぐる課題**　　　　　　　220

　　　友田正彦

　　　　図版出典　　　　　　　　　　　　　　　　　　　225
　　　　著者一覧　　　　　　　　　　　　　　　　　　　231

表紙の図面（右上から）
「ベトナムの延應寺断面図」（重枝豊氏、大山亜紀子氏の元図より東京
文化財研究所作成）、「タイのスコータイ建築事例の断面図」（Bancha
Chumkesorn 氏の元図より東京文化財研究所作成）、「カンボジアのサムロ
ン・クノン寺院」（François Tainturier 氏の元図より東京文化財研究所作成）、
「タイのスコータイ建築事例の組物」（Bancha Chumkesorn 氏の元図より東
京文化財研究所作成）
裏表紙の図面（上から）
「ラオスの伝統建築の装飾細部標準図」（ルアンパバーン世界遺産事務所の元
図より東京文化財研究所作成）、「ミャンマーのインワ・バガヤ僧院平面図」（文
化財建造物保存技術協会木村和夫氏の元図より東京文化財研究所作成）

序文

本書作成の背景、
　　アジアにおける木造建築文化の地域性と普遍性

東京文化財研究所
文化遺産国際協力センター
金井　健

　ユーラシア大陸の東南隅に突き出たインドシナ半島およびマレー半島とその周辺の諸島からなる東南アジアのうち、漢字文化圏であるベトナム北部と島嶼部を除いた地域を仮に「大陸部東南アジア」と称して一つの文化圏として見た場合、この地域の歴史的建造物の様相はまず、カンボジア・アンコールやミャンマー・バガンなど壮麗な石造や煉瓦造の建築遺産によって象徴されるといえるだろう。

　一方、広大な熱帯林を有する同地域の土着的な建築物はマレーシアの伝統的な高床式住居に代表されるように元来木造であり、ラオス・ルアンパバーンの木造町家が連なる町並みは世界遺産にもなっている。また、主に石造や煉瓦造で今日まで伝わる宮殿建築や宗教建築を含め、都市や集落を構成する様々な建造物の多くが木造であったことが、各地で進む発掘調査を中心とした考古学的知見によって裏付けられるようになっている。

　大局的には大陸部東南アジアの文化はインドの影響を強く受けながら発展してきたことが指摘されており、上述したような壮麗な組積造建築遺産もそうした文化的文脈の中に捉えられるが、その下地には各地の地勢や文化に育まれた豊かな木造建築文化の存在が予想

されるのである。しかし、木造建築が長く存続するには極めて厳しい気候条件であること、また組積造の遺構が豊富に残る遺跡を中心に建築史研究や考古学研究が進められてきたこともあり、大陸部東南アジアにおける木造建築の様相は今も判然としていない部分が多い。

　我が国では、歴史的建造物は総じて木造であり、19世紀以来の建築史研究と木造建築遺産保存の実践を通じて文化遺産保護のための独自の知識や技術が培われてきた。1992年の世界遺産条約の批准にあたって問題となった我が国の建築遺産保存の方法論が、国際的な議論を通じて世界文化遺産の中心的な保存理念であるオーセンティシティの概念的な拡大に大きな役割を果たしたことは広く知られるところである。大陸部東南アジアと日本の文化的な交流は歴史的には緊密とはいえないが、近年は、例えば東南アジア近現代建築をテーマとしたドコモモジャパンのプロジェクト「mASEANa」にみられるように、地理的に近い国々が恒常的に議論を交わすプラットフォームをもつことが、保存の理念や修復の方法論の国際的な展開に関与するうえで重要となっている。

　このような問題意識から、我が国とアジア

第1回研究会ポスター

第2回研究会ポスター

第3回研究会ポスター

の間で文化遺産保護に関わる専門家や実務者の人的交流の活性化を図る糸口として「木造建築」に焦点をあて、当研究所が協力事業を継続的に展開してきた大陸部東南アジアを対象地域として企画した4回の連続研究会が本書のもとになっている。

第1回の研究会は、「考古学的知見から読み取る大陸部東南アジアの古代木造建築」と題して平成29（2017）年2月に開催した。

この研究会では、各地域・各文化での木造建築のあり様を横断的に捉える視点として、既に失われた木造建築の調査研究に着目し、大陸部東南アジアからミャンマー、タイ、カンボジア、ベトナム（チャンパ）の事例、また比較対象として日本と北ベトナムの事例を取り上げて、各国の専門家による発表と議論を行った。これは研究会を展開していく足掛かりとして、古建築の復元的な考察の前提となる各地の地域的・文化的背景の独自性を共有するとともに、木造建築の研究方法の共通性を認識することを意図したものである。

第2回の研究会は、「東南アジア古代都市・建築研究会」と題して平成30（2018）年1月に開催し、建築を総体的に把握するための主題として都市を取り上げた。

長年の調査研究の蓄積があるアンコールとバガンの研究者を招き、遺跡から判明する建築的諸相に関する最新の研究成果を共有するとともに、都市史・建築史の研究者を含む我が国の専門家との議論を通じて東南アジア古代都市の実像に迫り、また木造建築を共通の物差しにして相互の文化的な影響関係を浮彫りにすることを試みた。

第3回の研究会は、同年12月に「大陸部東南アジアにおける木造建築技術の発達と相互関係」と題して開催した。

過去2回の研究会では、まず大陸部東南アジアを俯瞰する観点から、主に考古学的情報から同地域の木造建築の全体像に対する共通理解を形成することに重点を置いてきたが、この研究会では視点を変えて現地に残る木造の伝統建築に着目し、その保存に携わる研究者を招いて主に建築技術史的な観点からの発表と、日本の研究者を交えた議論を行った。この研究会を通じて、大陸部東南アジアにおける地域的な木造建築技術の伝播の様子と木造建築の構造的な変遷を、おぼろげながらも浮かび上がらせることができたことは大きな収穫である。

第4回研究会ポスター

　第4回の研究会は、木造建築の修復という文化遺産保護の実務的な側面に焦点をあて、「東南アジアにおける木造建築遺産の保存修理」と題して令和2（2020）年11月にオンラインで開催した。

　タイとラオスから各国の文化遺産保護行政を担う修復建築家、また文化遺産保護行政の国際的な動向を統括するユネスコ・バンコク事務所の文化担当官を招き、各人が関わった木造建築修復プロジェクトの事例を中心とした発表と、日本の修理技術者を交えた議論を行った。最終回となるこの研究会では、木造建築を横軸としてアジアの文化遺産保護の実態を展望し修復方針や技法の共通性を認識するとともに、伝統建築と一般建築の乖離によって建築保存の前提となる技術継承や材料確保が危機に直面していること、さらには急激な気候変動が木造建築の存続そのものを脅かしつつあることを共通の課題として共有した。

　本書は、以上の研究会での発表を総括し、木造建築を通じて大陸部東南アジアの文化遺産のあり様の一端を通観しようとするものである。各地の文化遺産の基礎をかたちづくる地域性と同時に、伝統建築の技術や構造、またその保護を取り巻く課題に地域を超えた普遍性を見出すことができ、我が国の文化遺産保護国際協力の展開に対して一定の示唆を含むものと考える。例えば、昨今の社会や環境の理不尽な変化に耐えうる木造建築保存の理念的な再構築は、国際的な協働活動によって初めて達成することができるのかもしれない。本書が今後の文化遺産保護の発展に寄与する一石となることを期待している。なお、各研究会の内容については、以下に示す各研究会の記録を参照されたい。

参考文献

1. 東京文化財研究所：「考古学的知見から読み取る大陸部東南アジアの古代木造建築」研究会記録　平成30年3月
2. 東京文化財研究所：「東南アジア古代都市・建築研究会」研究会記録　平成31年3月
3. 東京文化財研究所：「大陸部東南アジアにおける木造建築技術の発達と相互関係」研究会記録　令和2年3月
4. 東京文化財研究所：「東南アジアにおける木造建築遺産の保存修理」研究会記録　令和3年3月

1 古代木造建築を「考古学」から考える

1.1 考古学的および建築学的知見から見た
チャンパの古代木造建築

立教大学学校・社会教育講座　学芸員課程
山形眞理子

ベトナム考古学協会
チャン・キィ・フォン

はじめに

　この節では、紀元後の2世紀から3世紀を中心としたチャーキュウ遺跡とゴーカム遺跡について山形眞理子から、続いてミーソン、特に8世紀のミーソンE1寺院についてチャン・キィ・フォンから紹介します。

　図1にベトナム中部のクアンナム省の地図を示しました。この周辺はアマラーヴァティーと呼ばれるチャンパの主要な地域の一つです。現在のダナン市南部にはトゥーボン川が流れ、川によって形成された平野が広がり、いくつかの重要なチャンパの遺跡がこの川沿いに点在しています。そのチャンパ遺跡のなかから、ここでは、世界遺産のミーソン聖域、チャンパの古い王都に比定されるチャーキュウ遺跡、そしてゴーカム遺跡を取り上げます。

　また、地図上にはチェムソンタイにあるチェンチャインという、近年発掘された大規模なチャンパ遺跡も示しました。ここを発掘した考古学者の研究によると、8世紀末から13世紀末もしくは14世紀初頭までの遺跡と考えられます。また、この周辺には、ベトナム戦争で破壊されてしまったことで有名なドンズオンの大乗仏教寺院もあります。これらは9世紀末から10世期初頭のものです。

　「チャンパ」は歴史的に見て、川沿いに発展したいくつかの地域的な政体によって構成されていたと言われています。これらの地域に

はそれぞれにサンスクリット語名がありました。**図2**はそれらの大体の位置関係を示しています。今日の学説ではチャンパは一つの中心をもつ中央集権国家ではなく、複数の政体からなる緩やかな同盟であったとされています。チャンパは中国史書の中でまず「林邑」という名称で登場し、2世紀末に独立したことが言及されています。次に「環王」という名称が8世紀半ばから、そして最後に「占城」という名称が9世紀後半から中国史書に登場します。チャンパという名は7世紀初頭と考えられるシャンブヴァルマン王の碑文に初めて現れます。

　ここでは「林邑」の初期に焦点を絞りたいと思います。1993年からチャーキュウ遺跡の研究を始め、今まで8度の発掘に関わって来ましたが、その中で古代木造建築に関する調査について紹介したいします。

　表1に示したのは前3世紀から後5世紀の年表です。鉄器時代から林邑への移行と形成に関係する時代です。林邑は東南アジアの初期国家の一つと言われています。左の列にあるように、歴史的に非常に重要な出来事がこの時期に起きています。中国史料の『水経注』と『晋書』によると、林邑は2世紀末に後漢の南端で起きた反乱の結果、独立しました。

表1　林邑の出現と形成に関する年表（前3世紀〜後5世紀）

		歴史的事件	ベトナム北部	ベトナム中部	ベトナム南部
前三世紀	三世紀末以降	南越による支配	ドンソン文化 コーロア城 瓦*、青銅鏃*、漢系陶器*	サーフィン文化	
前二世紀	111BC-	南越滅亡、前漢郡県設置	コーロア城 瓦*、青銅鏃*、漢系陶器* ヴィエトケ木棺墓 漢系青銅容器*	Go Ma Voi, Binh Yen 1, Thach Bich ビーズ**	Giong Ca Vo, Giong Phet
前一世紀			ティウズォン遺跡 前漢鏡*、漢系青銅容器*、印章*、etc.	Binh Yen 2, Go Dua, Hau Xa, An Bang, Lai Nghi 前漢鏡*、五銖銭*、環頭刀子*、ビーズ**	Phu Chanh, Giong Ca Vo, Giong Phet 前漢鏡*、ビーズ**
後一世紀	AD40-43	微姉妹の放棄 後漢馬援軍遠征	ゴックラック漢墓 印紋陶*、前漢鏡* ドンソン文化の衰退	Binh Yen 2, Go Dua, Hau Xa、An Bang, Lai Nghi 前漢鏡*、五銖銭*、環頭刀子*、ビーズ** サーフィン文化の衰退	Phu Chanh, Giong Ca Vo, Giong Lon, Go O Chua オケオ遺跡（扶南外港）Phase I
後二世紀	166 184 ca.184 ca.192	大秦国遣使 黄巾の乱 土燮交趾郡太守となる 林邑の独立（水経注、晋書）	ルイラウ城、漢系磚室墓 瓦（布目有、布目無）*、印紋陶*、磚、漢系青銅容器*	チャーキュウ遺跡、ゴーカム遺跡、ライギ遺跡 布目瓦*、封泥*、印紋陶*、青銅容器*、石硯*、青銅鏃*、耳当*、インド系回転紋器**	オケオ Phase I 後漢鏡*
後三世紀	220 222-280 229 265-316	後漢滅亡 三国呉 孫権による建業（南京）遷都 呉使節、扶南訪問 西晋	ルイラウ城、漢系磚室墓 瓦（布目有、布目無）*、印紋陶*、磚、漢系青銅容器*、クンディ**	チャーキュウ、コールイ、タインホー、タインチャー遺跡 人面紋瓦当*、瓦（布目無）*、印紋陶*、クンディ**	オケオ Phase I
後四世紀	336-349 380-413 317-420	林邑王范文の治世 林邑王范胡達の治世 東晋		チャーキュウ城壁建設 バードラヴァルマン王ミーソン寺院建立	
後五世紀	420-479 479-502	劉宋 南斉			オケオ Phase II

*：漢系遺物
**：インド系遺物
＿＿：本節関連

チャーキュウとゴーカムの木造建築

　チャーキュウとゴーカムにおける居住の始まりは2世紀初頭にさかのぼると考えられます。チャーキュウもゴーカムもともに瓦葺の木造建築が存在した証拠がありますが、これはサーフィン文化、ベトナム中部の鉄器文化には決して見られなかったものです。チャーキュウでもゴーカムでも中国式の瓦が発見されており、中国の南下の影響を受けて初めて木造建築が建てられたことを示唆しています。表中の緑色の文字が本節に関係するところです。チャーキュウとゴーカムの最初の定住から2世紀末の林邑の独立、そしてチャーキュウを含む3世紀の林邑の都城における屋根瓦の生産などを含みます。この屋根瓦は南京で見つかったものと大変よく似た人面紋のつく軒丸瓦を伴っています。4世紀には范文と范胡達という名前の林邑王が中国史料に登場します。そして4世紀末あるいは5世紀初頭にサンスクリット語名を持つバドラヴァルマン王がミーソンにおいて、バドレシュヴァラ神に捧げる寺院を建立しました。一般にこのバドラヴァルマン王は范胡達のことであるとも言われています。ベトナム中部に木造建築が初めて建てられたのは、この歴史的に非常に重要な時期ということになります。

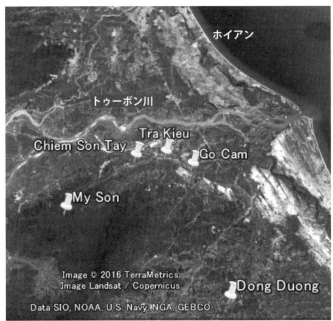
図1　クアンナム省トゥーボン川流域のチャンパ遺跡

図2　チャンパを構成した地域的政体

図3　ブウチャウ丘から見たチャーキュウ遺跡

図4 ブウチャウ丘と発掘地点Aからの航空写真

図5 チャーキュウ遺跡とその周辺の衛星写真

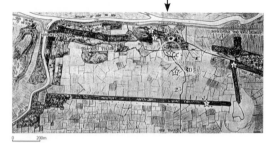

図6 チャーキュウ遺跡地図

チャーキュウ遺跡の発掘にみる木造柱の痕跡

チャーキュウ遺跡の中央に位置するブウチャウという丘の上から南西方向を眺望すると、南の城壁が見えてきます(**図3**)。この写真の中央にそびえるのは、マハーパルヴァタと呼ばれるチャンパの聖なる山です。ミーソンはこの聖山の麓にあり、直線距離でチャーキュウから約14km離れています。チャーキュウではフランス人考古学者・建築家のクレイが1927年から1928年にかけて大規模な調査を行いました。クレイは**図4**に示す航空写真を撮っています。中央にブウチャウの丘があり、ブウチャウの丘の上の礼拝堂の向こうの上部中央に発掘地点Aが見えています。

図5はチャーキュウとその周囲の衛星写真です。南側と東側の城壁が明確に見えています。長方形の遺跡が、トゥーボン川の支流の南岸に沿って広がっています。東西約1.5km、南北約550mです。

図6はクレイが作った地図に、1990年代以降の調査地点を示したものです。3番がホアンチャウです。ホアンチャウは村の真ん中にあるのですが、私(山形)たちはここで1997年から2000年にかけて発掘を行いました。発掘した面積は約54m²です(**図7**)。狭い範囲ですが、ここで4種類の柱礎を含む建築の基礎が出てきました。4種類の柱礎には木の柱が立っていたと思われ、同じ場所で少なくとも4度の建設が行われたことを示唆しています。柱礎には四つのグループが確認されます。グループAは破砕煉瓦を突き固めた大きい柱礎、グループBは破砕煉瓦を突き固めた小さい柱礎、グループCは小石を敷いた柱礎、グループDは一つしかありませんが、こぶし大の石を巡らせた柱礎となります。私たちの層位学的な観察によると、グループC(小石製柱礎)とグループD(石を巡らせた柱礎)はグループAとB(破砕煉瓦製柱礎)よりも古いものと考えられます。

小石製柱礎は直径5cm以下の小石が砂で突き固められてできています。柱礎2C(**図8**)は破砕煉瓦製の柱礎5Aによって破壊されていますが、興味深いことに、二つの木片が柱礎の中心部に残っていました。これらは柱礎2Cに立つ柱を支える礎板の痕跡かもしれません。この礎板の放射性炭素年代測定の結果は前1世紀後半から後3世紀前半でした。また、

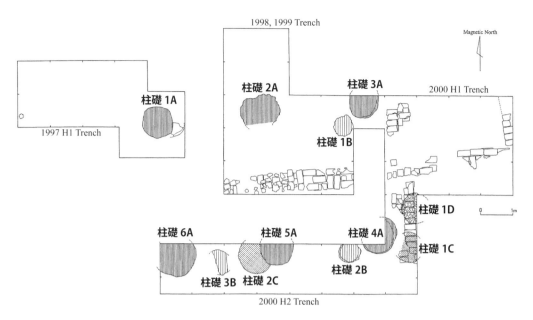

図7 チャーキュウ遺跡ホアンチャウ地点 発掘トレンチ平面図

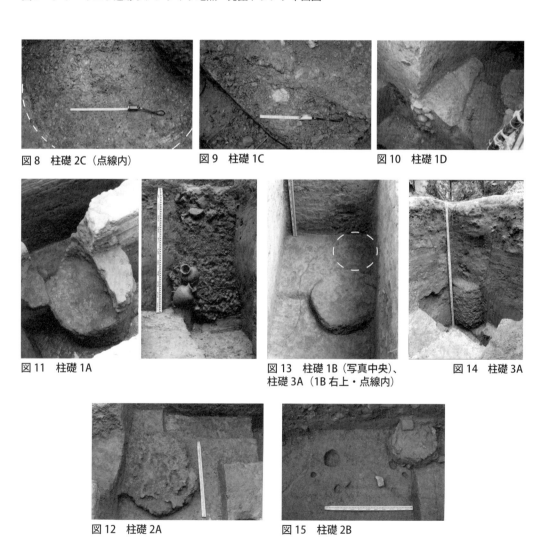

図8 柱礎2C（点線内）　　図9 柱礎1C　　図10 柱礎1D

図11 柱礎1A　　図13 柱礎1B（写真中央）、柱礎3A（1B右上・点線内）　　図14 柱礎3A

図12 柱礎2A　　図15 柱礎2B

図16 煉瓦列

図17 平瓦の出土状況

図18 柱礎6A（左上）、柱礎5A（右下）

図19 柱礎1D（右上）、1C（右下）、4A（中）、2B（左）

図20 柱礎4A断面

別の柱礎1C（図9）からは瓦の小片が出て、これにはチャーキュウ最古の瓦の特徴である布目圧痕がついていました。柱礎1D（図10）は石を巡らせて灰色粘土で固めているもので、直径約100cm、残存高は約90cmあります。

柱礎グループAは破砕煉瓦が粘土、砂利、砂で固められてできた大きな柱礎からなり、直径100cmから120cm程度の円筒形をしています。このグループの六つの柱礎は方形に配置されていて、その範囲は南北約4.2m、東西約3.2mになります。柱礎1A（図11）はチャーキュウの初期に特徴的にみられる土器を撹乱しています。柱礎2A（図12）は破壊されていて、下底部のみが残っています。

柱礎グループBは破砕煉瓦が粘土、砂利、砂で固められた小さな柱礎からなり、柱礎は三つ確認されています。柱礎の構造は柱礎グループAと同じですが、サイズが小さく、直径65cmから75cm程度です。層位学的に見ますと、この小さいグループは大きいグループよりも後のものだと思われます。柱礎1Bのそばで、柱礎3Aが地表から約160cm下で検出されました（図13）。大きな穴が柱礎の上部を撹乱していることがはっきりとわかります（図14）。私たちはこれがこの柱礎の上に立つ木柱を引き抜いた痕跡ではないかと考えています。柱礎2Bの周囲には赤みがかった床状の面が広がっていました（図15）。

いくつかの煉瓦列も出土しました（図16）。2列から3列で2段から3段の煉瓦で構成されています。煉瓦と煉瓦の隙間は土で充たされており、建物の壁としては弱い構造だと思われます。したがって、建築に関連して舗装された通路ではなかったかと思われます。煉瓦列の下から採取した炭化物サンプルの放射性炭素年代測定の結果は2世紀半ばから4世紀初頭を示しました。

図17は完形の平瓦です。柱礎2Aの傍らで見つかりました。長さ約44.4cm、幅35cmから36cm程度です。図18も破砕煉瓦製の大きな柱礎です。発掘トレンチの東南隅付近では4種類の柱礎が近接して発見されました（図19）。柱礎4Aの断面を観察すると、破砕煉瓦、砂利、砂、粘土が層位的な構造を示さず、

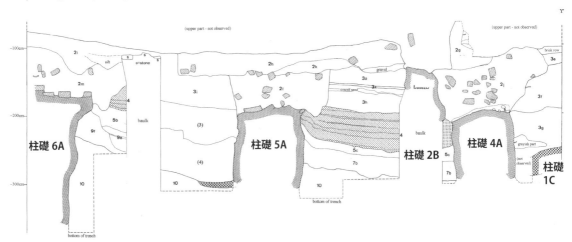

図 21　ホアンチャウ地点 H2 トレンチ　北壁セクション図

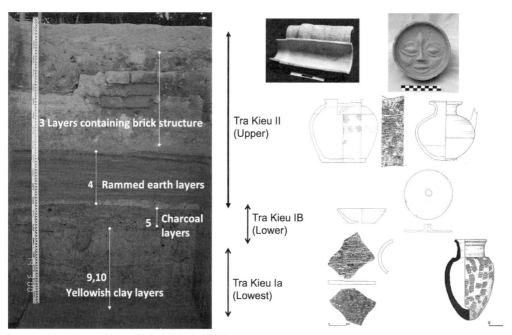

図 22　ホアンチャウ地点の基本層序と出土遺物

比較的無秩序に積まれています（**図 20**）。より古い建築の基礎の上に、より新しい建築の基礎が重なっているため、層序はかなり複雑で、解釈が非常に難しいです。**図 21** は H2 という発掘トレンチの北壁の断面です。この断面には三つの大きな煉瓦製の柱礎と一つの小さな煉瓦製の柱礎、二つの小石製の柱礎が確認できます。破砕煉瓦製の柱礎の上に大きな土壙が見えますが、これは木柱を引き抜いた痕跡ではないかと考えています。

初期チャーキュウの遺物の変遷

図 22 はチャーキュウ遺跡内にあるホアンチャウ地点の基本的な層序を示しています。上層のうち一番上部は撹乱されていますが、ここには煉瓦建築遺構が含まれ、煉瓦と瓦を用いた建築に関連している層です。その下は私たちが版築様地業層と呼ぶ層で、おそらく建築の基礎の一部だったと思われます。14 枚の薄い層が見え、粘土、粗砂、細砂の層が含まれます。版築様地業層の厚さは約 40 cm あ

ります。その下にあるのは私たちが炭化物層と呼ぶ層で、大量の炭化物を含む粘土層です。多くの日常的に使われたと思われる土器、煉瓦、瓦の破片と、残存状態はよくないですが動物の骨が見つかっています。この炭化物層については、火事などに遭ったあと、平らに均され、その上に建設工事が行われたのではないかと思われます。炭化物層の下には厚い粘土層が堆積しています。私たちは、自然の地山層の上に大規模な地業が行われ、居住のための平らなプラットフォームが造られた可能性を考えています。

　出土遺物の変遷は、特に土器と瓦について明確に認められます。遺物アセンブリッジの変遷と層位学的検討に基づき、初期のチャーキュウには三つの段階があることがわかりました。私たちはそれをチャーキュウ Ia 段階、Ib 段階、II 段階と呼んでいます。

チャーキュウの瓦と種類

　チャーキュウで見つかった瓦は地元で生産されたものの、製作技術、形態、様式の点から中国系の瓦であることは明らかです。瓦は2種類に区別でき、一方はチャーキュウの上層に、もう一方は下層と最下層に属します（**図23**）。下層と最下層に属する瓦は破片ばかりですが、凹面に布目圧痕、凸面に縄紋が見られます。瓦の出土量は上層になると急増しますが、布目圧痕をもつ瓦は見られません。軒丸瓦は上層でのみ見つかり、そのほとんどに人面紋が施されています。**図24**、**図25**、**図26**はチャーキュウ遺跡内で見つかった人面紋瓦当です。額に孔の開いた人面紋瓦当は2003年にハノイ国家大学によってチャーキュウの南城壁から発掘されました（**図25**）。チャーキュウでは様々な人面紋瓦当が見つかっており、中には西方の人物を描写したように見えるものもあります（**図26**）。

ベトナムと中国に見る「人面紋瓦当」の分布

　人面紋瓦当はチャーキュウだけでなく、ベトナム中部のコールイ、タインホー、タインチャーやベトナム北部のルンケーなど他の都城遺跡でも発見されています。また興味深いことに、同じ紋様の軒丸瓦が中国の南京市と鄂州市でも見つかっています（**図27**）。中国の考古学者たちの研究によりますと、人面紋

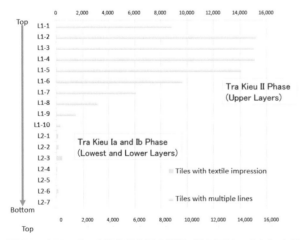

図23　ホアンチャウ地点出土瓦の紋様（布目圧痕の有無）と重量（単位 :g）による深度分布

図24 チャーキュウ遺跡出土の人面紋瓦当

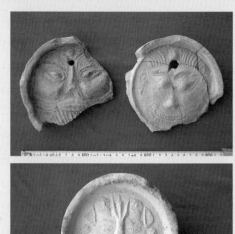

図25（上）・図26（下） チャーキュウ遺跡出土の人面紋瓦当

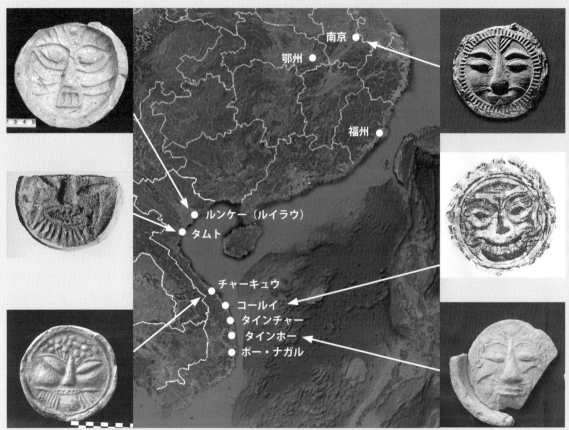

図27 ベトナムと中国から出土した人面紋瓦当

図28 東城壁の発掘（上）と人面紋瓦当（下）

図29 東城壁から出土した煉瓦（38x18x9 cm）

図30 サーフィン文化・チャンパ博物館に展示されるチャーキュウ遺跡の煉瓦

瓦当は三国志の英雄一人、孫権が建国した呉に帰属すると考えられています。孫権は229年に武昌、今日の鄂州から建業、今日の南京に遷都しており、人面紋瓦当は鄂州と南京の双方から出土しているのです。私の考えでは、林邑の都城では呉の人面紋を採り入れ、寺院、宮殿、行政機関などの建築物の屋根を装飾したということになります。

図28は2013年のチャーキュウ東城壁の発掘風景の写真です。この東城壁のトレンチでも人面紋瓦当は発見されました。複数の放射性炭素年代測定の結果を考慮すると、城壁の建設は4世紀前半あるいはさらに遡って3世紀後半頃に始まったと考えられます。図29は東城壁の発掘によって検出された煉瓦壁の完形煉瓦資料です。これは煉瓦壁に用いられる煉瓦の典型的な大きさのものです。図30はチャーキュウ遺跡のすぐ近くにある、ズイスエン県のサーフィン文化・チャンパ博物館に展示されている煉瓦の写真です。

図31 ゴーカム遺跡全体図

図32 ゴーカム遺跡の瓦とその出土状態

ゴーカム遺跡の発掘

次にゴーカム遺跡についてです（**図31**）。この遺跡は1997年に地元農民によって偶然発見されました。村民のためのサッカー場の下に遺跡が眠っていました。チャーキュウ～ゴーカム間の距離は約3.5 kmです。私はベトナム人とイギリス人の共同研究者とともに2000年に最初の試掘調査を行い、その後2001年から2003年にかけて共同研究者の一人であるグエン・キム・ズン博士が率いるチームが広範な発掘調査を行いました。

チャーキュウの最下層、即ちチャーキュウ Ia 段階の遺物アセンブリッジには布目瓦（**図32**）と卵形尖底瓶（**図33**）が含まれていましたが、ゴーカムではそれらが大量に出土しました。ゴーカムでの重要な発見は、焼失した木造建築の遺構で、検出された規模は約13 m×7.5 mです（**図34**）。炭化した床板が63枚見つかり、最長のものは長さ約5.7 m×幅約35 cm×厚さ約7 cmです。また、異なる大きさの柱が床材の下あるいは側から16本見つかり、最大のものは直径約35 cm、残存高も約30 cmありました。2002年には壁の基礎と思われる、46本の小さな杭列が発見されました。**図35**と**図36**は炭化した板材、床下の柱痕跡、杭列などの写真です。

焼失した木造建築を含む発掘トレンチの面積は約192㎡でした。今までに8件の放射性炭素年代測定の結果が得られましたが、いずれも考古学的な遺物の比較研究に基づく推定年代と比べるとやや古いと感じられるものでした。私たちの考えではこの遺跡はおそらく2世紀に遡ると考えていますが、グエン・キム・ズン博士はさらに遡って1世紀末まで遡ると考えています。

様々な漢系の遺物が見つかっています。漢系の方角印文陶壺、高火度焼成の釉のつく陶片、五銖銭紋付き土器片、断面三角形青銅鏃などです（**図37**）。中でも最も重要な発見は印章の圧痕をもつ封泥と呼ばれるものです。表面には「黄神使者章」の文字が認められ、

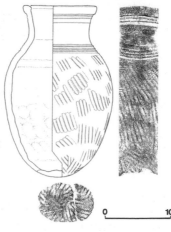

図33 ゴーカム遺跡の卵形尖底瓶とその出土状況

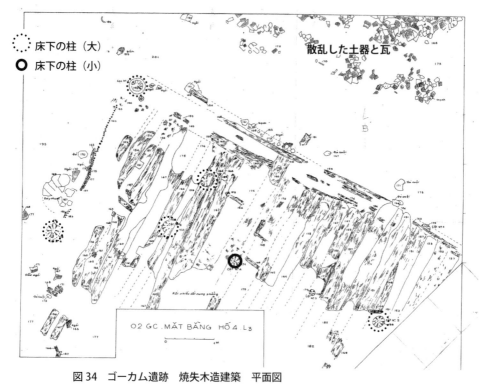

図34 ゴーカム遺跡 焼失木造建築 平面図

裏面には紐の圧痕があります（**図38**）。封泥の文字は道教と関連があり、中国の信仰をよく知る人々がここにいたことを示唆しています。

以上をまとめますと、現在のベトナム中部における初期の木造建築はゴーカムとチャーキュウに出現し、おそらく2世紀に遡り、あるいはさらに遡る可能性も考えられます。考古学的証拠として、ゴーカムの焼失木造建築や、チャーキュウの小石を敷いた柱礎や石を巡らせた柱礎が確認されました。最初の木造建築は中国式の瓦を共伴しており、重い屋根を支える木造建築が存在したことは明らかです。3世紀前半以降に属すると推測される瓦は、人面紋瓦当を伴っています。チャーキュウの破砕煉瓦を突き固めた柱礎もおそらくこの時代に関係していることが考えられます。

木造建築は林邑の他の都城にも存在し、中国の呉と同じ紋様の人面紋瓦当が用いられました。なお、ベトナム中部で初めて煉瓦が使用されたのは、2世紀、チャーキュウにおいて最初の居住が始まった時期だと推測されています。

図35 ゴーカム遺跡 焼失した木造建築の出土状況

図36 炭化した部材

図37　ゴーカム遺跡出土の漢系遺物

図38　ゴーカム遺跡出土の封泥

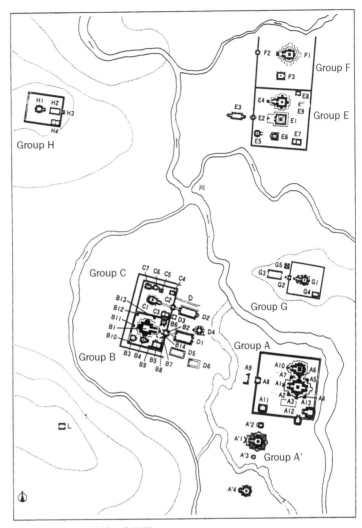

図39 ミーソン遺跡 全体図

ミーソン聖域で発見された木造建築

　次にミーソン聖域の木造建築について紹介します。ミーソンはチャーキュウ遺跡から南西に約14kmのところにあります。ミーソンはチャンパ最大の宗教建築遺跡で、約70棟の建築遺構が残り、複数のグループから構成されています（図39）。図40は最大の遺構群、B・C・Dグループです。ここが主要な寺院だったのではないかと考えています。ミーソンで最初の寺院が建てられたのは4世紀末です。このことはバドラヴァルマン王（中国名称は范胡達、ベトナム語ではファム・ホー・ダット）の碑文に書かれています。

　ミーソンがここに建てられたのは、聖なる山と川があったからです。碑文の中にマハーパルヴァタ、サンスクリット語で「大いなる山」とマハーナディ「大いなる川」の記載があります。山と川が父と母なのです。こうしてミーソンは聖なる山の麓にある谷に造られました。

　バドラヴァルマン王が建てた最初の寺院はバドレシュヴァラ神に捧げられました。バドレシュヴァラは王の名前バドラヴァルマンとシヴァ神を意味するシュヴァラを組み合わせ

1 古代木造建築を「考古学」から考える

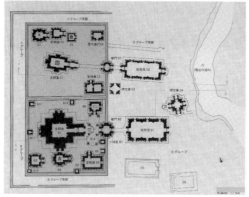

図40　ミーソン聖域　B・C・Dグループの全景（上）と配置図（下）

第1フェーズ：7〜9世紀

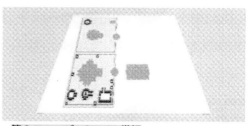

第2フェーズ：9〜11世紀

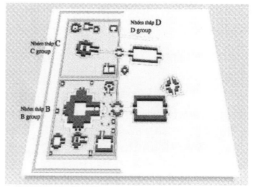

第3フェーズ：11〜13/14世紀

図41　ミーソンにおける建築の発展過程

図42　ミーソンの石柱

図43　石柱復元図

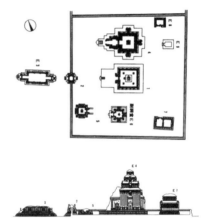

図44　ミーソンEグループ

たもので、この聖地全体の守護神です。6世紀のシャンブヴァルマン王の碑文には、このバドラヴァルマン王の寺院は木造で建てられ、火事で焼失したと書かれています。これは初期のミーソンに木造建築があったという明確な証拠です。

図41はミーソンにおける建築の発展過程を示したものです。ミーソンについてこれまで長年に渡り調査研究されている日本大学の重枝豊先生が作成されました。第1期は7世紀から9世紀頃で、地域内に木造建築がいくつかありました。次の第2期は9世紀から11世紀で、建造物が増えました。最も発展したのは第3期の11世紀から13世紀、14世紀にかけてでした。ここで私（チャン）は9世紀がチャム建築の転換点であったということを指摘したいと思います。この時期に煉瓦造の建物が煉瓦と石の混構造に変わりました。私たちはチャム美術史を3期に分けました。9世紀末頃を仏教寺院のドンズオン遺跡にちなんでドンズオン様式とし、それ以前をプレ・ドンズオン（9世紀以前）、それ以降をポスト・ドンズオン（10世紀半ば以降）と呼んでいます。

図42はミーソンで見ることのできる最も古い建築要素の一つの石柱です。ミーソンでも特殊な存在で、インドのプロトタイプと似ています。私たちはこれを7世紀末のものと考

図45　ミーソンE1

図46　ミーソンE1 台座

えていて、その時期にはチャムとインドの交流が盛んであったと思われます。**図43**は、アンリ・パルマンティエが作成したこの石柱の復元図です。穴は木製梁が8本の柱を接合していたことの確たる証拠になります。これは開放的な祭壇を持った祠堂のものではないかと思われます。

ミーソン最古の祠堂と台座

次にEグループについてです（**図44**）。これはミーソンで最も古い遺構群の一つです。ミーソンE1は遺跡内にある最古の祠堂です

（**図45**）。現在、残っているのは当初の壁で、残存高は2.5mで非常に厚い煉瓦でできています。その内部には約60cm四方の四つの四角い柱礎と、扉の柱が一つ残っています。祠堂の中には台座があります（**図46**）。これはチャム美術に独特な台座で、踏み石やアーチ、柱といった建築要素が見られます。この台座装飾のモチーフを東南アジアの類例と比較すると、8世紀前半のものであるという結論に至ります。731年のヴィカランタヴァルマン王の碑文には、王が石のヴェディを造ったことが書かれています。ヴェディとはサンスクリット語で祭壇の台座という意味です。したがってこの台座の年代を731年と考える

図47　ミーソンE1　ペディメント

ことができます。祠堂のペディメントもあります（**図47**）。このペディメントの主題はブラフマー神の誕生です。この主題は東南アジア文化に広く見られるもので、特にプレ・アンコール期のクメール美術によくみられます。それも8世紀頃まで遡るものです。人面のガルーダは、タイ中部のドヴァラヴァティー美術でよく見られます。当時、大陸部東南アジアの国々の間に広範な関連性があったことがわかります。2012年の雨季、幸運にも私たちは偶然、ミーソンE1祠堂で独特なムカリンガを発見しました（**図48**）。碑文の中では時々言及されるムカリンガですが、実際に出土したのはこの時が初めてです。同じ場所で人面紋瓦当も見つかりました（**図49**）。山形がチャーキュウで発見したものに似ていますが、これは少し後の時代のものかと思います。このタイプは8世紀前半頃まで使われました。9世紀にはまた別の、よりインド風の様式の瓦が使われました。このリンガは上記の台座の上に立つものかもしれません（**図50**）。**図51**はアンリ・パルマンティエによる復元図です。彼はリンガが台座の上に設置されていたと推定していました。

また、近くに寺院のソーマスートラという聖水の排出口も見つかっています（**図52**）。このような四角いソーマスートラはカンボジアのプレ・アンコール建築では一般的でした。したがってこれは8世紀頃のものと考えられます。台座にはリンガプジャの彫刻があります（**図53**）。ヒンドゥー教の司祭がリンガに水を注いでいるモチーフで、建物の中ではなく、樹の下で行う儀式です。

台座と木造構造物

台座の上に四角い穴をいくつか見つけました（**図54**）。これらは木製の部材を挿入するためのものです。**図55**は当初の台座の復元

図48　ミーソンE1での発掘風景（上）と発見されたムカリンガ（下）

図49　ミーソンE1　人面紋瓦当

図 50　ミーソン E1 の台座とリンガ

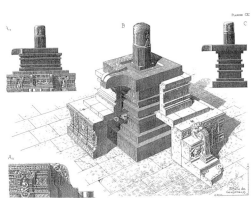

図 51　台座とリンガの復元図

図 52（上）　ミーソン E1　ソーマスートラ、図 53（下）　ミーソン E1 の台座のリンガプジャ彫刻

図54 ミーソンE1の台座の柱穴

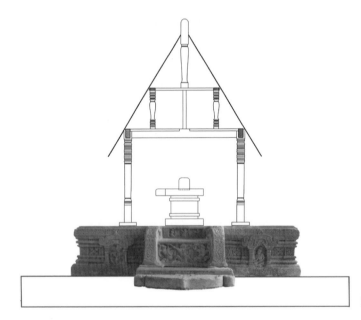

図55 ミーソンE1 前期の復元図

図です。時代は下って13世紀から14世紀のものですが、ポー・クロン・ガライ内部にはこれと類似する木造の構造物があります（**図56**）。**図57**は後期の台座の様子を復元したものです。台座を覆うように、木造の構造物が拡張されました。石造のペディメントと石柱を支えるために、非常に頑丈な木造の構造物があったとも考えられますが、確たる証拠はないので推測に過ぎません。私たちはチャム人を招いて、儀式の後、木造架構を再建しました（**図58**）。

石造物を木枠で支えるという仮説について、アンコール遺跡群のバコン寺院を訪れた際に、第8塔という煉瓦造寺院の修復を行っている専門家と協議することができました（**図59**）。ここで私たちは建設当時の木製部材を見つけました（**図60**）。大変硬質の材で、鉄木と呼んでいるものです。これらは寺院のペディメントを支えるために使われたもので、9世紀頃に遡ります。寺院の修復を担当したタン・ソパル博士から木造架構についての説明を受けました。現在では当初と同じ木材は非常に高

図 56　ポー・クロン・ガライ

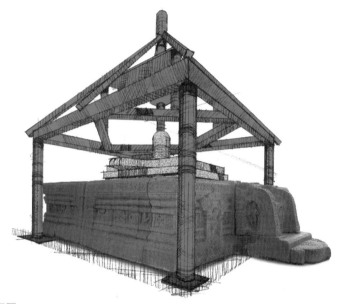

図 57　ミーソン E1　後期の復元図

図 58　木造構造物の復元

図59（上） アンコール遺跡群のバコン寺院（左）と塔 No. 8（右）
図60（下） バコン寺院の当初の木部材

価になるため、金属性部材に換えて当初のペディメントを支持しようと考えたとのことでした。これはミーソンE1と比較する絶好の事例になります。

8世紀後半になると、チャンパでは私たちが迫り出し積みと呼ぶ技術が習得されます（図61）。しかし、隅にはまだ木柱が残っていました（図62）。これは8世紀という古い時期の建築としては、チャム人が煉瓦を用いて造った唯一の迫り出し技法の建物です。その他、木柱のための礎石も多数残っています。これらはより後期のもので、より多くの彫刻が施されています（図63）。

おわりに

以上をまとめますと、チャムの寺院建築は2種類に分けられます。まず、前期ですが、おそらく4世紀末あるいは5世紀から8世紀までの間、「開放的な祭壇」と呼ばれる木造架構がありました。ここには瓦と木柱が使われていて、リンガと台座はその内側にありました。人々は祭壇の台座を外側から見ることができました。そして寺院の周囲で儀式が行われました。

中期には、煉瓦と木材の両方が用いられましたが、それらは低く造られ、小規模でした。高層の建物ではありませんでした。

そして後期、9世紀頃以降となりますが、南インド、特にチョーラ朝からより先進的な技術が導入されました。基本構造は煉瓦ですが、リンテル、隅柱、コーニスには砂岩を使用していました。この時期の祠堂は私たちが「暗い／閉鎖的な祭壇」と呼ぶ形式です。リンガとその台座とは祠堂の暗い内部に置かれました。そして迫り出し積みの技術が適用されます。この技術によってチャムの人々は東

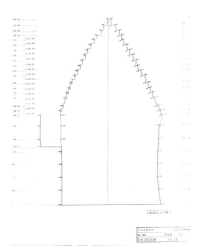
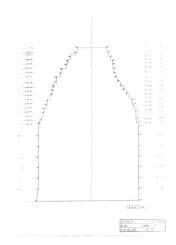

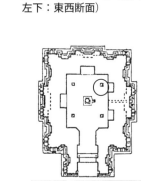

図61　ミーソンC7（右）と迫り出し積み（左上：南北断面、左下：東西断面）

図62　ミーソンC7内部 木柱の礎石

南アジアでも最大級の高さの煉瓦建築を建てることができたのです。アンコール朝と同時代にあたる12世紀末から13世紀に建てられた寺院は約43mの高さを誇りました。ヴィジャヤに建てられたチャムの祠堂の高さはアンコールのバイヨン寺院に匹敵します。

一方で、チャム族のコミュニティでは18世紀あるいは19世紀まで木造建築が建てられていました。チャム族の木造住居の技術はベトナム中部の人々に受け継がれています。住居の木造架構法はベトナム中部と北部ではかなり違うのですが、これはベトナム中部の人々がチャンパ文化の木造架構法を受け継いだためと思われます。

図63　ミーソンEグループ　木柱の礎石

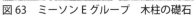

1.2 広域アンコールの居住パターンと考古遺構：
民居から王宮まで

アンコール・シェムリアップ地域保存整備機構（APSARA）　チャイ・ラッチャナー
ハワイ大学人類学科　ミリアム・スターク
カリフォルニア大学ロサンゼルス校　コッツェン考古学研究所　ヘン・ピポル
オレゴン大学人類学科　アリソン・カイラ・カーター

「広域アンコールプロジェクト（The Greater Angkor Project)」について

　「広域アンコール」における居住パターンと考古遺構をもとに、600 年以上にわたってそこで人々に住居として用いられた木造建築の特徴の一端を復元することができます。本節ではカンボジア・アンコール遺跡群の王宮の構成要素に関する研究の現状と、アンコール・ワット寺院で 2010 年から行ってきた民居に焦点を当てた考古学研究について紹介したいと思います。これらの調査は木造建築のパターンとその使用に関する文化的編年を考える手がかりとなるものです。

　調査は、広域アンコールプロジェクト（The Greater Angkor Project ／ GAP）に取り組んでいる共同研究者と行っています。GAP では私が所属するアンコール・シェムリアップ地域保存整備機構（APSARA）とシドニー大学、ハワイ大学が協働して、アンコールでの水の管理やリモート・センシングのデータ、発掘調査による居住パターンの研究を実施しました。

　アンコール遺跡群では、ポティエとエバンスによる近年の調査で、包括的な考古学地図がつくられ、1000 km² 以上の範囲に及ぶ低密度な都市のシステムが示されました（**図 1**）。この地図からは、アンコール・トムの都市を中心としてコミュニティが形成されていることがわかります。多くの寺院などの宗教施設が含まれるだけでなく、池や貯水池等の治水施設、マウンドや池から構成される居住地区も確認できます。

　これらのインフラは 9 世紀から 14 世紀にかけての 600 年間にわたって形成されたもので、こういった地図や景観を通じてその発展過程を明らかにしていくには課題がまだ膨大に残されています。

　アンコールの建築は 100 年以上にわたって研究されており、その一例としてジャック・デュマルセとパスカル・ロワイエによる東メボンの木造小屋組の復元図（**図 2**）およびバイヨン寺院に見られるレリーフに基づいた王宮の復元図（**図 3**）をあげます。

　クメール人は砂岩や煉瓦を使って寺院を造っていましたが、それに付随する構造物には木材を使っていました。近年の研究では、オリヴィエ・クニン博士が最新技術を用いてジャヤヴァルマン 7 世期（12 〜 13 世紀）の寺院のモデル化を行っています（**図 4**）。これをみると屋根の構造を木材で造り、瓦で葺いていることがわかります。

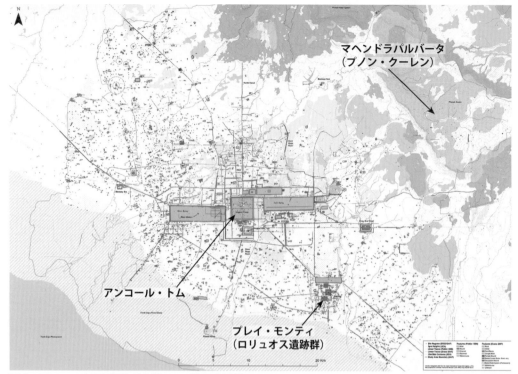

図1 アンコールの包括的考古学マップと王宮遺跡

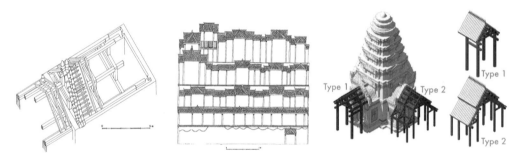

図2 東メボンの木造小屋組復元図

図3 バイヨン寺院のレリーフに基づく王宮復元図

図4 寺院建築の木造部の復元図

三つの王宮での発掘調査

　広域アンコールおよびプノン・クーレン丘陵に所在していた三つの王宮についても、多くの研究成果が上がっています（**図1**）。広域アンコールではロリュオス遺跡群（ハリハラーラヤ）とアンコール・トム王宮（ヤショダラプラ）の成果があげられます。プノン・クーレンではLiDAR画像を用いた最近の研究によって最初期の王宮である、クーレン山地にあるマヘンドラパルバータ（802年）が確認され、土塁で囲まれた都市の規模と形状が明らかになりました（**図5**）。

　この遺跡の発掘調査は、考古学振興財団（the Archaeology and Development Foundation, ADF）およびAPSARAとナーランダー・スリウィジャヤ・センターの共同研修事業として2013年から行われ、大規模な煉瓦の遺構、柱穴と屋根瓦が発見されました（**図6**）。

　広域アンコールに話を戻して、歴史的にハリハラーラヤと呼ばれていたロリュオス遺跡群（プレア・コー寺院、バコン寺院、プレイ・モンティ寺院）についてみていきます。2004年から2008年にかけてフランスのMAFKATA調査団が発掘調査を行い、プレイ・モンティをハリハラーラヤの王宮として比定

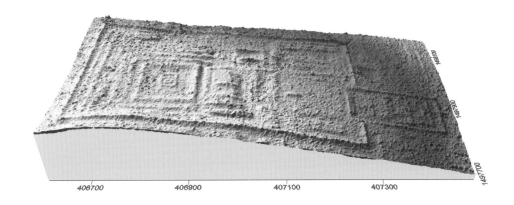
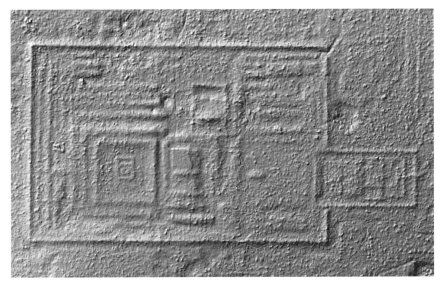

図5 マヘンドラパルバータ LiDAR画像

図6 マヘンドラパルバータ王宮遺跡発掘調査

1 古代木造建築を「考古学」から考える

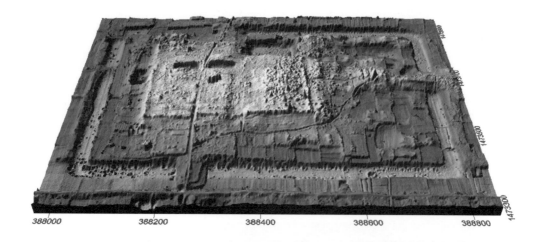

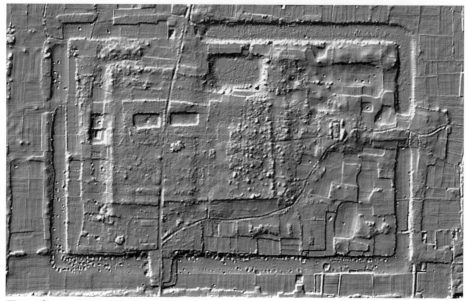

図7　プレイ・モンティ宮殿　LiDAR 画像

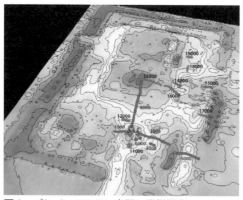

図8　プレイ・モンティ宮殿　発掘調査

図9 アンコール・トム

図11 ピミアナカス

図10 アンコール・トム宮殿 LiDAR画像

しました（**図7**）。特に最も高いマウンドの長大な発掘トレンチで、ラテライトと煉瓦の基礎および屋根瓦が発見されました（**図8**）。

LiDAR画像によって、アンコール・トムの王宮の空間構成が明確になり、水を管理するための施設も認識することができました（**図9**、**図10**）。13世紀の中国人訪問者の記録に登場する、王宮内にあったであろう木造の構造物は、今はもう見ることができません。

フランス極東学院（École française d'Extrême-Orient／EFEO）のジャック・ゴシエ博士によると、その王宮は王宮そのものとその背後にある森との二つの区域に大きく分けられます。さらに、王宮はラテライトの壁で仕切った三つの主要な区画からなると見ることができます。1296年にカンボジアに派遣された周達観という中国の外交官は、前方の区画にしか入ることができませんでした。中央の区画はピミアナカスです（**図11**）。そして後ろの区画が国王の居住空間でした。木造の構造物はおそらくピミアナカスと王族の居住域の付近に建っていたと考えられますが、柱穴や居住の証左となるものを見出すには発掘が必要です。

ゴシエ博士による2009年のピミアナカスの発掘では、木造住居よりも石造建築に焦点

43

図12 ピミアナカスでの発掘調査の様子

図13 発見された木柱（左）と木造構造物の基礎の発展（右）

が当てられました（**図12**）。文化的層序に基づいて編年が明らかとなり、5mの深さにある最古の居住層からは、奉納物の核果や木の幹が発見されて、我々の関心をひきました。

発掘された木の幹はクメール語でトロック（Parinari anamensis）という樹種で、おそらく9世紀のものであるということがわかりました。一方、EFEOによるライ王のテラスの発掘では柱を含む木造の構造物が発見されていますが、その柱のひとつはピンカド（Xylia xylocarpa）という樹種で、10世紀のものであることがわかりました。

ゴシエ博士によると、ピミアナカス寺院の木造建築には3段階の技術の変遷が見られるとのことでした。私は建築が専門ではないため、詳細かつ正確に説明するのは難しいのですが、**図13**に示すように、柱を支えるために平らな長い木材を設置するというのが第1段階の技術です。その後、第2段階の技術として柱を支えるために短い木の断片を用いるようになります（**図14**）。そして最終的に第3段階の技術として浅い基礎地業の上に柱を立てるようになりました。

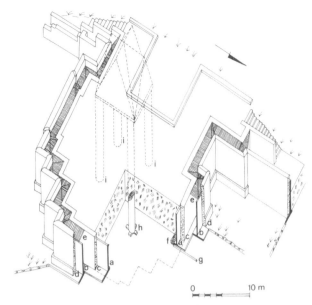

図14　ライ王のテラスの木造構造物遺構

アンコール・ワット寺院と居住パターン

　2010年に始まったGAPの事業では、アンコールの居住パターンについて検討しました。アンコールの政治的・宗教的な中心地であったアンコール・ワット寺院を主な研究対象とし、比較的攪乱が少ないとみられる伽藍の内外周の区域を選択しました。特に外周部の東側は良好な状態で遺構の発見が期待されました。居住跡が考古学的により重要視されている新世界の遺跡での成果に基づけば、上層階級のように歴史上の記録には残らない庶民がどのような日常生活を送っていたかを知ることの重要性、また同様に、より幅広い社会的な小宇宙の意義について理解することができます。居住跡を考古学的に調べることは、コミュニティ内およびコミュニティ相互間でどのような違いがあり、上層階級と庶民の間にどのような関係があったのかを把握する上でとりわけ多くの情報を与えてくれます。図15はLiDAR画像を利用できるようになる以前、2010年に私たちが作成したアンコール・ワット外周域北東区画の平面図に、LiDAR画像を重ねたものです。この最初のLiDAR画像にうっすらとグリッドが浮かび上がっていることが分かると思います。2013、2014、2015年に調査を行った南東区画の画像にはこれらのグリッドがより明確に見えます（図16、図17）。2012年の南東区画における調査では、木造構造物が建っていたとみられる居住区域のマウンドと、13世紀の中国人訪問者が居住区域の一部であると記した、それに付随する池を調査しました。さらに広域的にマウンドの発掘を行い、活動地域の断面図を作成しました。こちらはその上に高床の木造住居が建っていたと考えられる区域におけるアンコール期の居住跡の一部を示しています（図18、図19）。暖炉や物を廃棄した穴といった居住の痕跡が発見されました。

　調理廃棄物の植物学的な分析を行うことによって、何が中に含まれているのかがわかります（図20）。民族植物学者のクリスティナ・カスティーヨ博士は、ブンタンと思われる柑橘系の果物の皮や生姜やウコンを含むショウガ科の痕跡であると特定しました。アンコールのクメール人はこのような植物系の収穫物を食物や薬として用いていたと推測されます。

　グリッドの窪地において体系的にコアリングを行った結果、水が溜まっていたことを示唆する浅く堆積したシルト層が見つかりまし

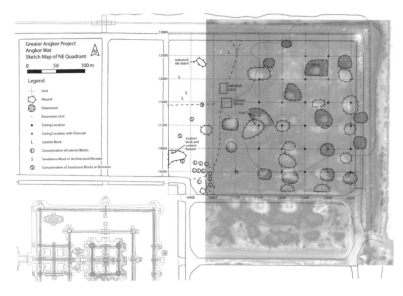

図15 アンコール・ワット北東区画遺構平面図およびLiDAR画像

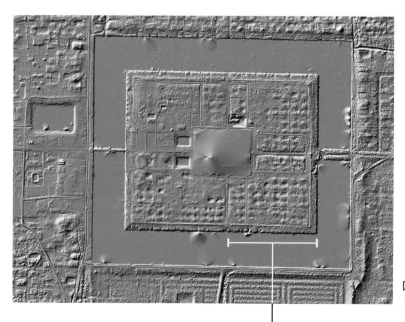

図16 アンコール・ワット寺院のLiDAR画像

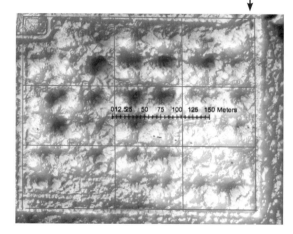

図17 アンコール・ワット南東区画のLiDAR画像

図18　住居遺構の発掘調査

図19　住居遺構の発掘調査

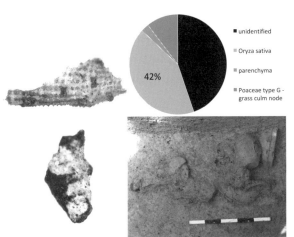

図20　廃棄穴で出土した植物遺体

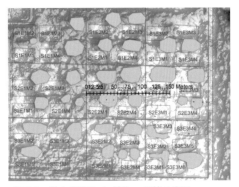

図21　池と判断したグリッド状の窪み

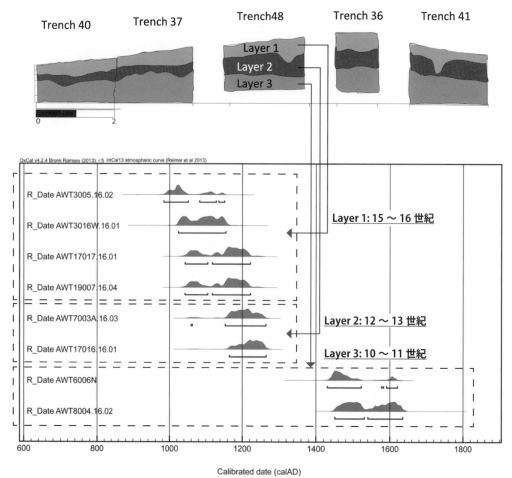

図22 層序

た（**図21**）。これらのマウンドでは瓦の破片が比較的少量しか発見されておらず、これらのマウンドと貯水池は上層階級や支配階層のものではないと考えられます。周達観によると、住居の規模は居住者の社会的階級と関連していて、上層階級の住居は瓦葺で、下層階級の住居は茅葺であるということです。発掘された住居の規模や材料および上流階級的な貿易陶磁器の存在や量からみると、これらのマウンドは下層階級の居住空間であったことが推定されます。アンコール・ワット外周内の住居の規模はマウンド全体で約26 m×21 mに制約されており、ここでは瓦がまったく発見されていないことから、この居住区域は上層階級ではない、下層階級の人々に属していたと考えられます。また、別の時期にGAPが調査したタ・プローム寺院の区域で発見されたものに比べて比較的まばらな配置パターンであることから、この区域は暫定的な居住空間だったと考えられます。碑文からは、アンコール外周域には職人の集団が月の満ち欠けに合わせて2週間ごとに交代して居住していたことが分かっています。

住居遺構の多くが12世紀におけるアンコール・ワットの利用に関係づけられますが、ポスト・アンコール期の居住の痕跡も発見しました（**図22**）。こうしたアンコール・ワット外周域における居住パターンと関連して、「直線的なコイル状」の特異な遺構がLiDAR画像で発見されています（**図23**）。CP807と呼ばれるL字型の運河がこれらの幾何学的パターンの中央を破壊して横切っています（**図24**、**図25**）。北から南に向かう傾斜はコイル中に水を流すことを可能にしたと考えられます。

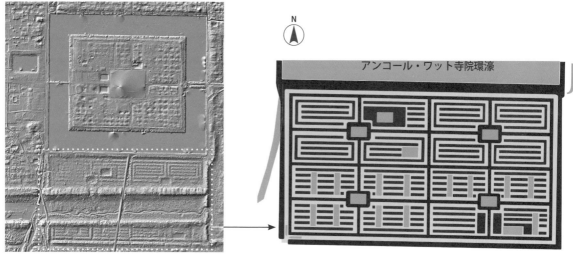

図23 アンコール・ワット南部における直線のコイル状の遺構　図24 コイル状遺構 復元図

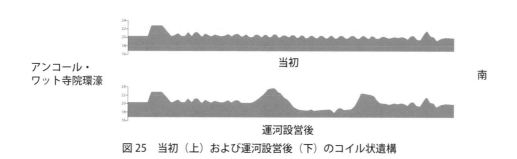

図25 当初（上）および運河設営後（下）のコイル状遺構

2014年と2015年にAPSARAとGAPが協力して、これらの遺構の機能を確認するための調査を行いました。私たちが行った発掘や遺構内の堆積物のコアリングでは、陶器あるいはそのほかの文化的な遺物がまったく発見されていません。外側の土手や池の周辺のマウンドにおいては瓦や陶器といった遺物が発見されていますが、これらの遺構の機能については未だによく分かっていません。

と思われます。考古学調査では、遺跡の中に木造の構造物を見つけることは非常に稀ですが、柱穴という形でその証拠を発見することは可能です。そしてLiDAR画像をGAPの考古学調査と組み合わせることは、アンコール期における居住パターンやそれを構成する木造住居や人々の様相を復元するための効果的な研究手法であることが証明されています。

最後に

私たちの調査によってアンコール・ワットの居住パターンの新たな図式が構築されつつあります。それは直交するグリッドに基づく（**図16、図17**）、**図26**のようなものであった

図26　アンコール・ワットにおける住居の配置　復元図

1 古代木造建築を「考古学」から考える

1.3 アンコール・トム王宮の木製遺物と建築遺構

フランス極東学院
ジャック・ゴシエ

はじめに

　この節は、カンボジアのアンコール・トム王宮で主に 2009 年に行われた発掘調査で発見された木製遺物についての研究がもとになっています（**図1**）。まず、フランス外務省、フランス極東学院（EFEO）および APSARA によって資金提供されたこの研究の背景と重要性を紹介したいと思います。

　この発掘調査の目的は、アンコール王朝の中心都市であるアンコール・トムの、（1）都市空間〜アンコール王朝の中核都市としてのアンコール・トムの空間〜、（2）都市の歴史、（3）その形態と進化の創造過程、の三つの課題についての理解を深めることでした。研究を進めるにあたって、王宮はひとつの鍵になる場所です。もちろん、これまでも考古学はアンコール研究の一端を担ってきましたが、従来のアンコールの考古学研究では、これらの課題が完全に見過ごされてきました。したがって、J. コマイユ、H. マルシャル、M. グレース、J. ボワスリエと B.-Ph. グロリエによる発掘調査以外では、アンコール・トム王宮は二重に無視されてきたともいえます。したがって、今回の発掘調査の成果および今後の研究を通じて、アンコールの都市形成における王宮への正当な位置付けが与えられることが期待されるのです。

　この地域での今回の発掘調査−木製遺物の発見を伴う−は、概ね、（1）都市部であることに起因する、（2）年代観の問題、を解決しようとしたものです。私は、このことを考古学的な観点からみてかなり遅れをとってしまっている研究課題と捉えていますが、今もこの状況は変わっていません。これらの発掘調査の目的は、王宮跡の完全な年表（相対的年代観、可能であれば絶対的年代観による）を確立することを初めて意図したもので、アンコールの様々な地域で設定した他の年表と比較できるようにすることでした。今回は王宮における三つの主要な地点、ピミアナカス中央寺院、王宮内郭、砂岩で造られた二つの池、の標準年表を構築することを目指しました。

　今回の発掘調査では大量の遺物が出土し、非常に実りあるものとなりました。ここで強調しておく必要があることは、このうち木製遺物は、浅く均質な場所からではなく、深くかつ不均質な場所から出土したということです。これら木製遺物の発見は、遺跡中心部の 5 m にも及ぶ考古学的堆積の中で、検出した建築遺構を原位置に残しつつ、多量の地下水を処理しながら発掘を進めるという、たいへん複雑な状況の中で行われました。

　これらの発掘調査によって、王宮跡の年代判定に直接関係する問題提起のみならず、王宮跡に関する諸問題を顕在化させることがで

図1　アンコール・トム　航空写真

きました。すなわち今回の発掘調査から、年代観の問題に加えて、少なくとも以下の五つの問題が浮かび上がってきました。
　①創建神話の存在
　②木造建築の存在と神話との関連
　③異なる平面に復元される中央寺院
　④7世紀にわたる王宮の変遷
　⑤土層観察で明らかになった、プレ・アンコール期から17世紀初頭までのクメール陶磁器の全容

　まず私たちが解決しなければならないのは都市域全体の規模で理解するための問題ですが、まだ十分には取り扱われていません。2018年から始まったフランス国立研究庁（Agence Nationale de la Recherche, ANR）の資金援助による4年間の新しいプログラム（ModAThom）では、王宮の一部に焦点をあてて、こうした問題の研究を継続しています。現段階では、発掘調査と宮殿の木製遺物に関する報告は、あまり検証がされていない一次情報に基づくものになります。今後、検証を重ねて研究の精度を高めていかなければなりません。

王宮の空間構造と建築

　王宮はアンコール・トムの中心には位置していません（**図2**）。中心にはバイヨン寺院があり、王宮は都市の北西の区画にあります。王宮はバイヨンと同様に、都市計画のひとつの基点となっていますが、バイヨンと異なる点が三つあります。一つ目は、バイヨンの場合は東西と南北方向の二つの軸の交点に位置しているのですが、王宮の場合は東西軸のみがあります（**図2～図4**）。二つ目は、壮大な建築を配した大きな王宮前広場があります。三つ目は、王宮の立地はアンコール・トムの規模にとどまらずに、2.5 km以上も離れた東バライと呼ばれる巨大な貯水池と関連しているということです。

　王宮（**図3**）は、約580 m×240 m（約14 ha）の広大な長方形の区画となっています。この区画は以下の三つの要素で構成されるラテライト造の境界で囲まれています。
　①高さ5 mの丁寧に造られた内側の壁
　②平均幅25 mのラテライト造の環濠、
　③その外側にある塀、土手、建物などからなる一連の構造物

図2　アンコール・トムと王宮の位置

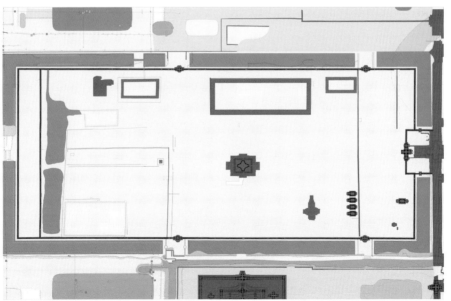

図3　王宮の配置

図4　王宮および王宮前広場の航空写真

　こうした王宮の構造からすると、王宮の入口の配置は少し変わっています。合計五つの砂岩で造られた王宮門があり、正門は当然ながら東に面しています。王宮の北側と南側にそれぞれ四つの門が向かい合って配置され、西側には門がありません。各王宮門の前には広場が設けられます。さらに、中央寺院であるピミアナカスの南北軸上に二つの入口を開きます。これが王宮の平面計画に線的な力強い流動性を与えています。

　現在私たちが目にすることができる王宮は南北方向の三つの壁によって四つの大きな中庭（東から西へⅠ、Ⅱ、Ⅲ、Ⅳ）に分けられています。三つの壁のうち、中庭Ⅲと中庭Ⅳを隔てる壁のみが良好な状態で残存しています。

　最も主要な中庭Ⅰは来客を迎えるための空間で、三つの王宮門を擁しています。私たちの最初の調査によって、アンコール・トムの南北方向に流れていた古河川に伴う土を厚く埋め立てて造成されたことがわかりました。

　中庭Ⅱは最も広く、最も高い区画です。正方形に近い形状で（約270 m×242 m）、王宮でも最重要の建物群が立地していた場所です。中庭Ⅰとともに王宮の公的な空間を担ったと考えられます。中庭Ⅱにある主な建物は以下の通りです。

①王の寺院であるピミアナカス
②砂岩で覆われ、三段の浮彫が施された北側の大池−護岸に沿って一段高いテラスがあり、その南側と西側が部分的に見える、東方に砂岩で覆われた小規模なもう一つの池を伴う−
③後世に造られた十字形テラス
④ピミアナカスと同時期に造られた四つの建物

　中庭Ⅲは、王の私的な空間と見るのがこれまでの私たちの発掘調査に基づく有力な考え方となっています。ラテライトで造られた三つの大きな池があり、そのうちの一つが「王妃のテラス」と呼ばれているテラスまで達しています。中庭Ⅲは改造が何度も重ねられ、特筆すべきものとしては西側に深い貯水池が二つ造られました。中庭Ⅲを東西方向に横切る舗装された道路があり、奇妙なことにピミアナカスと中庭Ⅳを繋いでいます。

　中庭Ⅳは約30 m×242 mの細長い区画で、高い壁に囲まれた閉鎖的な空間です。中庭Ⅳへの出入りは東側の中庭Ⅲからのみ可能で、西側は王宮の周壁で完全に閉ざされています。

図5　南東から見たピミアナカス

　私たちは、ここを古代ギリシャのギナイセオン（gynaeceum, 女性の居場所の意）にあたる区画ではないかと考えています。13世紀末に中国の外交使節に随行した周達観の記録では、大勢の側室がいたことや女性の衛士が王を警護していたことが書かれています。

　謁見の門を前面に擁するピミアナカス寺院（天空の神殿）は王宮の中心を占めています（**図5**）。この建物で私たちが行った発掘調査によって、ピミアナカスだけでなく、それが建てられた場所こそ、アンコール・トム全体の歴史を知るための極めて重要な鍵と考えるべきであることが明らかになりました。

　ピミアナカスはラテライトで造られた階段状のピラミッドで、その天辺にあるラテライト造の十字形のテラスの上に祠堂が建っています。アンコールで唯一の長方形平面の堂山型寺院であり、かつ砂岩造の祠堂を戴くラテライト造の堂山型寺院として現存唯一のものです。また、祠堂を囲む砂岩造のきわめて幅の狭い回廊は1000年代初頭に建設された、この種の建物としては最古のものです。階段部と四つの階段には複数の柱穴があり、アンコール・ワットに見られるようなポルティコの木造版が建っていた可能性が高いと思われます。

　アンコールには、10世紀に建てられた階段状のピラミッドの最上部に建つ煉瓦造やラテライト造の大きな寺院はすべて現在も見ることができます。同じく大切に守られてきた場所である王宮にも、同様の立派な建物が建てられていたと考えるのが妥当でしょう。したがって、当初の寺院は、瓦葺の木造建築であった可能性が高いと私は考えています。

木製遺物の空間的・時間的な位置付け

　アンコール時代には、宗教建築（ピラミッド、寺院、中庭、その付属建築や回廊）が耐久性の高い材料（煉瓦、ラテライト、砂岩）で造られ、住宅建築については、民居から王宮まで社会的地位を問わず木材で造られていました。アンコール・トムの居住地区で私が行った発掘調査では、木製遺物こそ出土しなかったものの、円形の柱穴がごく頻繁に発見されました。これらの柱穴は、地面に直接あるいは多少の高さを確保したラテライトの基壇に建つ有機素材の骨組があったことを示しています。王宮では、象のテラス（この中央に設けたパビリオンが王の謁見所に使われました）

図6　2009年の王宮内、ピミアナカス南側における発掘調査（S2）

と王宮の北側にある大きな砂岩製の池に沿ったテラスが、この種の建築形式の基壇（高さ約3m）～いわゆるライ王のテラスの基壇よりは若干低い～にあたります。

　王宮の発掘調査で発見された木製遺物は、中庭IIのうち主にピミアナカスを中心とした範囲から出土しました。木製遺物は他の場所からも出土していますが、ここから高い密度で出土していることは確かで、9世紀末にはこの範囲を中心に中庭IIが利用されていたことを意味しています。すなわち、後に説明するとおり、ピミアナカス寺院は煉瓦とラテライトからなる複合建築で、その外部と上部構造は木造という、アンコールで類を見ないものだったと考えられます。ここで土層中の木製遺物の出土位置に触れておきたいと思います。基本層序は、ピミアナカスの南側約8.5mの位置にある発掘ピットを参照しました（図6）。

　この発掘調査は、1916年にアンリ・マルシャルによる発掘の後にEFEOが行ったもので、ピミアナカスの周囲はアンコールの寺院では前例のない煉瓦敷の中庭であったことが判明しました。この煉瓦敷、実は三重に敷かれているのですが、当時はこの解体調査を行うことは考えられませんでした。今回の発掘トレンチは地山上面まで達しており、考古学的堆積は、ピミアナカス南側の王宮の居住最終期の地盤面を基準に約5mの厚さを測ります。ここでは、土層を大きく七つの層序に分割した模式的な断面を用いて簡単に説明したいと思います（図7）。なお、この七つの層序は便宜的なもので、現在進行中の王宮跡の時代区分を決定するものではありません。

　最上層のS7は、王宮が使われた最後の時期、おそらくは16世紀後半に相当する面になります。ピラミッドの下段の中ほどに接続するラテライト敷（A）があります。ピミアナカスの元の基壇は2mほど埋まっていたということ

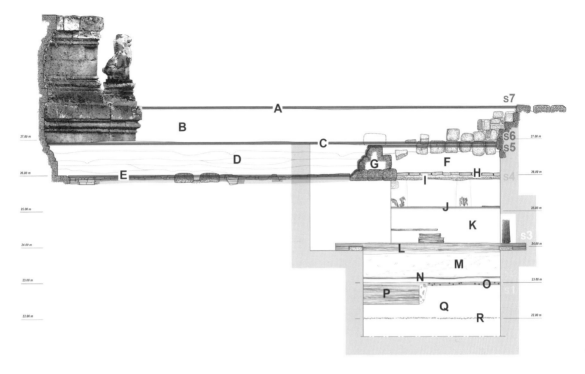

図7 王宮内、ピミアナカス南側における発掘調査（2区） 土層模式断面図（2009年）

になります。アンリ・マルシャルがピミアナカス直近の周囲の一部を発掘したため、現在その部分が低くなっています。舗装（A）は厚さ1.2mの盛土（B）の上に敷かれています。

S6は（C）の遺構面で、ピラミッドの基部より約0.8m高い位置にあります。この層は1200年頃にアンコール・トムを再構成し、バイヨンを造ったジャヤヴァルマン7世の時代のものです。同じ遺構面では、ピミアナカスの東南角でジャヤヴァルマン7世時代の2基の碑文が発見されています（そのうちの一つは「菩提樹の碑文」です）。寺院の南側全体に幅13mの中庭を区切っている大規模な壁は、ジャヤヴァルマン7世より少し後の時代のものと思われます。この（C）の層は盛土（D）の上にあります。

S5は異なる時期の遺構が含まれており、少なくとも二つの部分に分けられます。一つはピミアナカスに隣接する寺院自体の周庭（E）

図8 モールディングが付いたラテライト造基礎（G）

57

図9　+25.00 m で発見された木部材

で、南側で測った幅は約8.5 mを測ります。前述したように、ここには三重の煉瓦敷があり、幅が不揃いのラテライトの基礎の上に敷かれていて、これがこの周庭の建設当初の舗装だったと思われます。この三重の煉瓦敷はピラミッドを囲む形で現存しており、その四辺には煉瓦敷より後に造られた排水溝があります。当時からこの中庭では雨水が滞留するという問題があったことが窺えます。もう一つの部分は、さらに外側を囲むラテライトの基壇（F）で、モールディングが付いた側壁（G）を伴います（**図8**）。この上に木造の回廊が建て寺院を囲んでいたと考えられます。この回廊に付随してピミアナカスの入口となる南門があり、そのラテライト部材を今でも地表に見ることができます。

さらに以前に属するS4は前述の遺構の第一期であったと思われます。同じく中庭（E）と回廊という二つの部分に分かれていますが、両者に層位的な違いは認められません。ここの最初の構造物である舗装の土層（H）は、中庭のものよりかなり厚い単層の煉瓦敷で構成されており、同様にラテライトの基礎（I）に上に敷かれています。どちらの段階でも回廊

内側の中庭空間はラテライトで造られていて、構造物は幅60 cmから70 cmの間隔で木製の掘立柱を伴い、木造の小屋組に瓦が葺かれ、何度も葺き替えたらしく多量の関連遺物が出土しました。S4はピミアナカスの建立と同時期、もしくはわずか後の時期に属すると思われます。**図9**はこの遺構面から発見された、保存状態のあまり良くない木製遺物を示しています。S4もまた非常に厚い盛土（K）の上に造成されています。この盛土は本来は砂で出来ていたと思われますが、経年により、特に水の浸食によって風化してしまっています。

S3はこの盛土（K）で覆われています。この層にはかなり大規模な木造構造物（L）があり、その基礎は長くて太い木材で出来ており、良好な状態で見つかりました。これは私たちが「+24.00 m」と呼んでいる層になります。（**図10〜図12**）。

この建物の木造基礎は地上に据えられたものではなく、その0.8 m下にあるS2上にあります。水平の地表面（N）の上に浸水した腐植質の暗灰色の砂質土層（M）があり、この層には王宮の最初の計画段階に造られたと見られる粘土質の低い土手が含まれていて、建

図10 王宮の土層断面（2009年）
トロックの木の幹からピミアナカスまで

図11 ピミアナカスの北側で発見された舗装

設当初の基壇と排水施設の遺構と考えられます。

しかし、これらもまだ最初の人為層ではなく、完全に水平な二面の腐植質の表土層（O）からなるS1が発見されました。この土層には以下の二つの特徴があります。1) 両層から果物の種が非常に良好な状態で発見されたこと（種の仁がないのはリスまたはネズミといった齧歯動物に食べられたためと思われます）、2) わずかながらも明確に土の色と感触が違う箇所があり、そこから確実に意図的に埋められたことがわかる丸太が出土したこと（P）。丸太は直径約50 cmで保存状態が良く、南北に向いて水平に横たえられており、意図的に埋められたことがわかります（図10）。最後に、自然堆積である純粋な砂質の土層（Q）に達しました。

以上の分層をもう少し詳しく述べるために四つの情報を付け加えたいと思います。

まず、王宮の歴史を通じて、建材としての木材の利用が継続的に認められます。今のところ12世紀より上層では木製遺物は見つかっていないので、柱穴だけが根拠となります。この時代の木製遺物は腐朽して失われたか、解体して他の建物に転用されたと思われます。一方、より深い古い時期の層では木造建築の部材が原位置に残った状態でみつかりました。

第二に、木製遺物は三つの層で発見されました。私たちが+24.00 mと呼んでいる層と+25.00 mと呼んでいる層では、原位置を保った木造建築の部材を確認しています。もう一つの第三の層は、王宮の建設当初の遺構面を伴うもので、ここから後で説明する木の幹が出土しています。ここでは、この遺跡の問題を最も明確に示している事例として、+24.00 mの木部材を取り上げます。

第三に、発見された木部材の樹種は以下のとおりです。

- Shorea aff. guiso（2345/B1、2345/B8および2345B/12）（フタバガキ科）、クメール語名「チョルチョン」
- Hopea aff. odorata（2345/B2および2345/B5）（フタバガキ科）、クメール語名「コキ」
- Parinari anamensis（クリソバラヌス科）、クメール語名「トロック」

第四に、これらの層の相対的年代観については、層序と矛盾しない編年を組み立てることができました。フランス・リヨンの放射線

炭素年代測定センター（Centre de Datation par le RadioCarbone ／ CDRC）が行った放射性炭素年代測定の結果は相対編年と対応しています。トロックについては712 〜 890 の間（試料 2580/1; Ly-15040, AGE 14CBP: -1210 ± 30.; 95%）の平均的年代が得られ、原位置で発見されたプレアンコール期の陶器片とも年代が一致します。+24.00 m 面上の木部材については 9 世紀から 10 世紀あるいは 875 年から 1000 年という結果が得られました。+25.00 m 面上の木部材については 10 世紀から 12 世紀または 975 年から 1175 年という結果が得られました。これらの年代は層序と整合しますが、年代の幅が重なっているので、手がかりとしての大雑把な全体像は示せるものの、放射性炭素年代測定の結果のみでは事象に対応する正確な編年指標の確立やクメールの歴代王の治世との関連付けという点からは確実性を欠いており、さらなる調査（OSL 線量計による堆積物の年代測定）と調査結果の相互検証が必要です。

+24.00 m 面から出土した木部材

　+24.00 m 面は、ピミアナカスの北側と南側の二カ所で検出しています。

　ピミアナカスの北側では二カ所から木部材が出土しました。一つ目の木部材は水平材で一部が小段の下にあるので部分的にしか見ることができません。完全に水平に、南北方向に据えられています（すべての木部材は東西南北の方位にしたがって配されています）。この部材の特殊性としては、端部に仕口（実はぎ）があって本来は組み合わされていたものが、現在は孤立していることがあげられます。その直近からは、以下の四材からなる一群の木部材が出土しました（**図 11**）。

（1）東西方向に据えられた大型の桁材

（2）上記桁材と直交して据えられた床板

（3）床板に載る東西方向の桁材（下の桁材とは重ならない）

（4）床板と平行に据えられ、縦材を挿したほぞ穴が二カ所にある水平材

　第一の木部材と床組の一群とは平面図上では 2.5 m ほどしか離れておらず、床板の高さ関係は孤立した水平材の上面と完全に一致しています。したがって（双方を関連づける的確な考古学的痕跡こそありませんが）両者は同一の建物の一部か、少なくとも同一の遺構面上の建物の部分として関連していると推定できます。第一の木部材を考える上で、ピミアナカスの南側で検出した濃灰色の腐植質土層（M）の上に据えられていることも留意すべき点です。

　ピミアナカスの南側では木造建築の基礎部分が発見されました（**図 12**）。S7 上面から 5 m ほど深い位置に土台が互いに組み合わされた状態で原位置にあり、水平もほぼ保っていました。すべての材が非常に良好な状態で残っていて、特にそのうちの一つは完璧といっていいほどの状態で保存されていました。縦横の材が井桁状に組まれた土台は、層序から見ると、ピミアナカスの建設以前の時期に遡る建造物の基礎部分と考えられます。

　この建物の平面図を復元する上で障害となったのは、これらの部材の端部が小段の下に位置していており、発掘するのに困難を極めたことです。重たいラテライト構造物が載っている湿った盛土は崩壊のおそれがありましたが、この土を下から支えながら掘り進めていくことで、最終的に梁桁の先端の位置がわかり、この木造基礎の規模を特定することができました。この情報に基づいて遺構の平面図を復元することができました（**図 13**）。

　南北方向に置かれた梁行の土台が五本出土しました（2345/B1/B2/B3/B4/B5）。その幅は 35 cm から 40 cm、厚さは 15 cm から 20

図12　梁行の土台

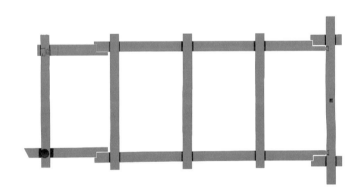

図13　+24.00 m の木造土台基礎　復元平面図

cm、長さは最大 5.25 m です。均等な間隔で配置されていて、芯々の寸法は 2.8 m、2.92 m、2.92 m、2.94 m です。桁行の材に関しては、幅は 40 cm から 44 cm、厚さはそれぞれ異なり、西側の材については約 10 cm、東側の材については約 20 cm でこれには何か意味がありそうです。復元した平面図から明らかなように、桁行の部材は建造物の輪郭を成していました。桁行の部材は互いに継手によって繋がっていて、その上に直交して梁行の部材が組まれていました。長手の部材と短手の部材の交点のうち一カ所で、柱の基部が発見されました。柱の直径は現状で約 30 cm、高さは約 60 cm 残っていました。柱の東西方向に高さ約 10 cm、幅約 40 cm の貫穴が掘られており、水平の貫材を通せるようになっていました。

ピミアナカス北側で既に述べた仕口のほかに、継手仕口の種類として、「蟻」（一か所のみ）、「相欠き」（桁行の部材と梁行の部材を組み合わせる際、梁行材を上に置く）、「ほぞ」が確認されました（**図14**）。全体として見ると、部材が組み合わさった平面は、西に向かって段々幅が狭まっていく形をしています。

さらに、発掘調査によって以下の二点が明らかになりました。

1) 梁桁が交差する部分の下を断ち割って確認した結果、木杭などは発見されず、この木造

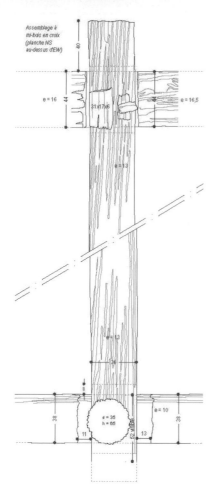

図14 梁行の土台の実測図　　図15 梁行の土台　検出状況

基礎が直接地面に据えられたことがわかりました。

2) 南北方向に敷かれた床板の断片が、断面的にはこれらと隔たった二カ所から出土しました。このうち3枚の床板は＋24.50 mの層に伴い、他の2枚は＋24.80 mの層に伴います。

＋24.00 m面で発見された木造基礎は段々に幅が狭まっていく平面形式を示しています。このことを発掘されたピミアナカスの中庭の様子と比較しながら考えると、この建物の性格について推測することができます。

西に向かってはっきりと幅が狭まる凸字形の平面は、これが寺院あるいは入口パビリオンの建築であったことを示唆しています。この平面形式については、これに取って替わった上層にある後代の建築と関連付けて考える必要があります。この上に建つ後世の建物は、ゴープラと呼ばれる塔門を持つラテライトの回廊です。これを見ると＋24.00 mの木造建築も、ゴープラのような入口パビリオンだった蓋然性が高いと思われます。この木造のゴープラおよび回廊は、(1) 後にピミアナカスの建設によって復興されることとなる寺院に付随するもので、(2) 初代王宮に関連する施設の一部、と思われます。

桁および梁からなる土台は、柱を支持していたことから、明らかに建物を安定させる技術的役割を果たしていたことは明らかです。すなわち、その機能は柱の下に集中する垂直応力を横方向に分散させるという点にありました。実際この木造基礎は、建物の垂直方向の安定性を考慮して設計された軸組構造の土台にあたる部分といえます。

後の時代には、柱を直接地盤上に建てたり、基板として据えた木材の上に建てたりするようになり、こうした土台基礎の構法が使われ

図16　梁行の土台　検出状況

なくなります。それでは、何故初めは土台基礎が使われ、その後使われなくなったのでしょうか。

アンコールにおける考古学的土層は主に砂が占めています。しかしながら、上述のように、+24.00 mより4 m上方で考古学的層序に明らかな変化があり、これより上は基本的に純度の高い砂で、これはいつしか自然に変化したものと考えられます。すなわち+24.00 mで出土した木部材は殆どの期間、非常に腐植質で湿潤な砂質あるいは粘土質の堆積土層に据えられていました（**図15、図16**）。この層については今後も調査範囲を拡げて、その独特な構成について、さらなる研究を進めていく必要があります。

このための詳細な調査を行う前に、フランスでも主に中世の木骨構造の住宅に似たような土台基礎がみられることにも注意したいと思います。この場合、土台を地面から少し浮かせるように低い壁の上に置いている点が、今回の王宮で発見したものと構造が異なります。一方で、湖畔にある新石器時代の遺跡から発見された、いくつかの高床式の建物でも土台基礎が用いられています。

この土台基礎が、濃灰色の腐植質で湿った砂質あるいは粘土質の地面に据えられていたことは、発掘調査中にも障害となったピミアナカスの地の豊富な地下水と関係していると考えられます（**図17**）。地下水の存在が、この地の絶え間ない変貌、度重なる一部の嵩上げや三重の煉瓦敷舗装−後に破壊して外縁部へのラテライト排水溝を追加−、このような重要な寺院の基壇を埋めてしまうような非常に厚い盛土（K）、を招いた理由であり、そしておそらく水が豊富であったことで創建に繋がる神話が発生したではないかと私は考えていま

す。この問題は、今後のピミアナカス研究の一つの論点となるでしょう。なお、アンコール遺跡の発掘調査ではよく見られる粘土質で水を通さないB層がピミアナカスの地では見られません。したがって、今後の研究は、このような常時滞水しているような湿潤な環境下で土台基礎が使用されていたということを念頭において進めていく必要があります。

　+24.00 mの土台基礎のまとめに木部材に関して残された疑問をみていきたいと思います。この土台基礎は分厚い砂の盛土に覆われた状態で発見されましたが、みつかっていない部材や、経年変化している部分があります。層位的に見ると、長手方向の桁材は全体が盛土に埋もれていました。短手方向の梁材は盛土を掘り込んだ溝の底から発見されました。この溝は考古学的に判断が難しい遺構で、様々な解釈が可能です。土台を据えるために掘った基礎地業なのか、土台の上に載っていたかもしれない煉瓦やラテライトの壁といった材料を回収するために掘られたのか、この疑問にはまだ答えが出ていません。私個人の考えでは、これは基礎地業だと思います。それが正しければ以下のような三段階が想定されます。1）初めは単に輪郭に沿った土台に柱を据えただけの建物が建てられました。2）次に、恐らく浸水対策として地面を嵩上げするために砂で盛土がされました。3）盛土上から溝を掘り込んで梁材を追加して土台基礎を一体化しました–各部材は論理的には a）梁材を桁材の上に載せ、b）相欠きで組んでいます–。

　最後に私が提起したい問題は、+24.00 mの木部材とピミアナカスとの関係についてです。層位的には木部材が出土したのは、現在のピミアナカスの周庭から2mほどの地下、ピミアナカスの基底部より約1.7 m低い位置です。また、空間的には周庭の南側を構成する建物であったとみられ、ピミアナカスの階段状ピラミッドの南外壁面から約8.5 mの位置にあ

たります。私たちが見過ごしている何かしらの建物がない限り、この二つの建物を同時期のものとして成り立たせるには柱が2mも地中に挿入されている必要があります。こうした地形的な条件から見て、+24.00 mの木部材から推定できる木造ゴープラのような建物は、ピミアナカスの南入口部分との遺構の重複や平面的な類似性がみられるものの、ピミアナカスの最初のゴープラと考えることは不可能です。

　したがって私は、この土台基礎を擁する建物はピミアナカスの創建以前、ラジェンドラヴァルマン2世（944〜968）の10世紀の第3四半期に建てられた、と考えています。さかのぼるピミアナカスが作成される前に、土台の建物が建設されました。また、S3で発見された木造建築の建設は、第一次アンコールを築いたヤショヴァルマン1世（10世紀初頭）に遡り、アンコール最初の王宮およびピミアナカスの下に眠る最初の寺院に関する物証ということになります。

　王宮の中心部には二、三の寺院が並んで立地していたと考えられ、トロックの丸太の埋納もここだけで行われたことではないと思われます。一つの仮説としては、（1）寺院の創建が木と関係しており、（2）後に+24.00 mの土台基礎を擁する建物の建設や改修–約1メートルの盛土（M）–が行われ、（3）ピミアナカスが建てられた、と考えられます。また、もう一つの仮説としては、（1）トロックの丸太が置かれた地面に最初の便宜的な建物が建てられ、（2）次に +24.00 mの木部材を擁する寺院に建て替えられ、（3）ピミアナカスが建てられた、とも考えられます。このような改築の変遷が、ピミアナカスが特異な長方形平面の堂山型寺院となった理由かもしれません。

図17　ピミアナカスにおける水の滞留

トロックの木について

　まとめとして、王宮建設の最初期を示す人為層でのある発見について詳しく述べたいと思います。それは、土台基礎（+24.00 m）より約1 m下、そしてピミアナカス南側の一番上の人為層、つまり現在の地表面であるS7から約5 m下にあります。この腐植質の非常に強い濃密な層の上面から果実の種が発見され、さらにその下から保存状態のよい丸太材がみつかりました。この丸太は、非常に湿潤な灰白色の砂質土層に掘られた溝の中に、意図的に南北方向に沿って埋められていました（図18）。この発見は、その歴史的および人類学的な視点からの多くの興味深い疑問と議論を提起しました。ここでは最低限の内容として、その年代、樹種、および埋納に関して参照すべき情報についてみてみたいと思います。

　まず年代測定について。放射性炭素年代測定の結果は、ヤショヴァルマン1世（889〜910）による第一次アンコールの創建を上限に示しましたが、年代に大きな幅があったために新たな問題も生じています。次に樹種について。この木は学名を Parinari anamensis といい、クメール語で「トロック」と呼ばれます。学名と一般名がまったく異なるのは石の場合と同じです。三つ目に参照すべき情報について。サンスクリット語とクメール語の碑文からは、この建設に関する情報は得られていません。一方で考古学的な層序はピミアナカスの創建神話と一致します。このトロックという木はカンボジア人なら誰でも知っている口承伝説「ノコール・コック・トロック（nokor kok thlok）」に登場し、この伝説に基づく儀式は現在でも結婚式で行われています。このクメール王国の建国神話は、インドから来た王子ブラ・トンがこの地の姫ナギと結婚したことに始まり、ナギの父は人間の頭と蛇の尾をもつ蛇神ナーガの王で土地の水を司る地下世界の支配者であった、とされています。

　この建国神話の主題は、インドの王子がナーガ王の娘と出会って結ばれるという物語にあるのではありません。このような結婚の物語はブラフマン教やヒンドゥー教の歴史上によく登場し、国々がブラフマン教に改宗し、その文化を取り入れたことの暗喩と思われます。クメールの建国伝説の独自性は、この物語がずっと引用され続け、しかもすべての出来事がトロックの木の周りで起こるということです。19世紀にカンボジアの王家の歴史が編纂されていくつかの伝説も出版されるのですが、「ノコール・コック・トロック」の伝説にも大きな紙幅が割かれました。「ノコール・コック・トロック」は「トロックの木の都市」という

図18　湿潤な灰白色の砂質土層上に水平に据え付けられたトロックの幹

意味です。そこでは結婚式のあと、ナーガの王がトロックの木の周りの水を飲み込み、そのトロックの木の上にクメール人が「ノコール・コック・トロック」という偉大な王宮を建てた、と書かれています。

　純粋な架空の物語とみなされてきた口承伝説に考古学が証拠を提供することとなりました。歴史的な真実として、7世紀末から9世紀末までのある時点にこの場所で一本のトロックの木が地中に埋められ、その上にアンコール・トムの王宮が建設されたということが明らかになりました。これらの二つの歴史的事実の間に、私たちが注目している約80 cmの層があります。ピミアナカスから500 mほど離れたバイヨンの近くに建てられたコック・トロックという仏教寺院と結びつけて考えてみるのもよいと思います。また、13世紀末に中国の使節として周達観がアンコール・トムを訪れた時、王が毎晩ピミアナカスの上で人間の女性の身体に姿を変えた蛇の姫と交わることで王国の安定が保たれている、とクメール人が語ったことが記録されています。

　最後に、二つの見解を述べて発表を締めくくりたいと思います。一つ目は、王宮の建物に用いられる植物性材料の永続性について、特にこの地には王宮の建設当初から木々が存在し、2000年初頭にピミアナカスで行われた砂岩の修復作業を除いて、あらゆる建築行為において常に木が用いられてきました。二つ目は、今後の私の研究課題の一つですが、王宮跡は、地下世界の先住の王であるナーガに起因する木の崇拝から始まり、王宮の占地、寺院−おそらく二つ−の建設、須弥山であり王の身体であるピミアナカス−インドの神々の王インドラのような空中神殿−の建設、と続く象徴的な場所として継続的に発展してきたことです。

　そして、この世界−この場合は三つの世界−を保持してきた垂直で連続的な積層を軸として、その周りには、その存在なしではクメール王国の安定があり得ないといわれ、日常的に儀式化された蛇の姫の物語が展開しています。

　アンコール王家最初の王宮の歴史が一本の木への崇拝から始まっているとする見地に立てば、建築行為における木材の使用の永続性は、単に技術的な観点から解釈されるだけでなく、人類学的な観点からクメール人に相応しい信仰のかたちとの関連からも解釈されなければなりません。

1.4　バガンの木造王宮の 11 世紀から今日まで

シドニー大学アジア学部
ボブ・ハドソン

バガンの木造王宮

バガンにある**図1**の建物は、立派な木造王宮に見えますが、残念ながらコンクリートで造られた建物です。推測に基づく復元建築で、2005年に建てられました。その近くに、少なくとも上層階級の建物、おそらくは王宮と考えられる遺構の発掘現場があります（**図2**）。

バガンには3,500棟ほどの建物があり、その大半が煉瓦造です。建物の主な類型としては、仏舎利が納められていて、中に入ることのできない仏塔（ゼディ）、仏像が安置されていて、中に入って拝むことができる寺院（グ）、そして僧侶のための僧院（チャウン）の三つがあります（**図3**）。これらの僧院の妻壁には、かつてそこに取り付いていた木造建築の痕跡が残っていることがあります。興味深いことに、ミャンマー語で「寺院」を表す「グ」という語には「洞窟」という意味もあって、遠い昔に僧侶が洞窟の中に入って瞑想を行っていたことの名残ではないかと考えられます。

バガンの歴史は11世紀に始まり、当時は建物群がエーヤワディー川に沿って散在していました（**図4左**）。伝承によれば、いくつかの村が連盟を結び、上層の支配者がその中心に居を構えていました。

12世紀には、214の建造物が建てられました（**図4中**）。位置的には、11世紀に既に基盤ができていた地域の中を埋めるように、こ

図1　バガンの復元された王宮

図2　バガン王宮の発掘現場

図3　バガンの宗教建築の類型

れらの建物が造られていきました。

　13世紀には、来世のために功徳を積みたい人々が寄進した宗教建築によって、この地域の密度がさらに上がりました（**図4右**）。

　とはいえ、この全期間を通じて、城壁で囲まれた上層区域が地域の中心であり続けました（**図5**）。この区域には、古代の王宮建築によく見られるような煉瓦造の城壁、濠、門がありました。図6にタラバー門と、後世に増築された精霊（ナッ）を祀る二つの祠堂が写っています。

　バガンの中でも、周囲を城壁で囲まれた部分とそれ以外とでは区域の違いがあるということに注意していただきたいと思います。ユネスコ世界遺産登録推薦書によれば、遺跡区域全域は 4,843 ha、うち城壁内の面積は 144 ha です（**図7**）。参考までに、アメリカで最も広い土地に住んでいると言われている億万長者の土地の面積は 25 ha です。すなわち、バガンの城壁内の上層区域はアメリカの億万長者6人分の土地と同じ広さで、そこに一人のビルマ人の王がいました。ただし、ビルマの王に仕えていた人はアメリカの億万長者よりもずっと多かったと思います。

　1102年のタラバー門碑文（**図8**）は、「慈悲深い君主」と称されたチャンシッター王の治世に数か月間をかけて行われた、「偉大な王宮」のための儀式について、数本の石柱に記されています。「家を建設する専門家」であるブラフミンの占星術師が金と銀の容器に入った水で木の柱を何度も清め、柱の足元に金、銀、銅を布で包んだものを巻き、柱穴が掘られたと記されています。また、王宮には中央棟、これより小規模の建物4棟と沐浴用の建物1棟が建てられたと記されています。図9は、清めの水を注ぐ儀礼に使われる水瓶「ケ

図4　バガン地域の発展過程

図5　バガンの城壁

図6　タラバー門

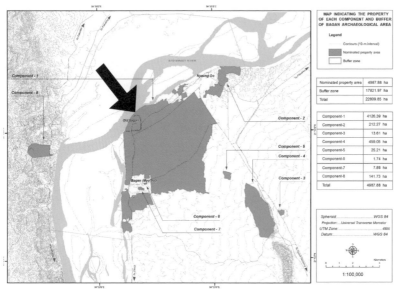

図7　バガン　考古区域の範囲

図8　タラバー門碑文

図9　ケンディと呼ばれる水瓶

1　古代木造建築を「考古学」から考える

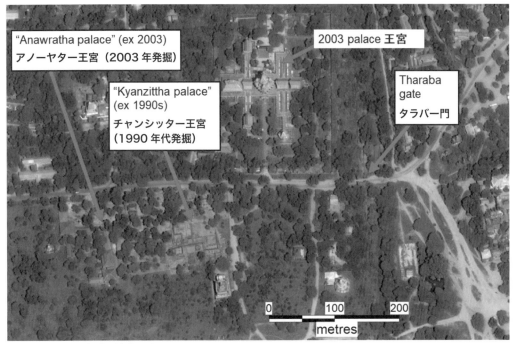

図10　バガン王宮域の航空写真

図11　パンダル（ネピドー、2015年）

ンディ」です。

　この碑文は、実は、タラバー門で発見されたのではなく、その近辺の「どこか」で1905年に発見され、1923年にその内容が出版されました（Epigraphia Birmanica, 3 (1)）。それ以来、王宮についての記述はあっても、その建物の実態については何も手がかりがありませんでした。

　この碑文が見つかったところから200mほど離れた場所で、1990年代に私たちが柱穴を伴う建物群を発掘すると、誰もがこの碑文に書かれた「王宮」に違いないと思いました。

バガン王宮の年代指標

　図10の航空写真で、タラバー門、発掘現場、コンクリートで復元された王宮の位置関係がわかります。私のミャンマーにおける考古調査のパートナーで、当時は考古局バガン支局のスタッフだった人は、復元王宮の建設のために発掘現場が破壊されてしまうのではないかと恐れていました。彼は道路の反対側の区域に考古遺跡がないことを確認し、関係当局を説得して、復元王宮をそこに建てさせることができました。

図12 バガン王宮の遺構

当時のミャンマー政府は全国に合わせて四つの復元王宮を建てていて、それらはいずれも現存します。これらを復元するのは「国に対する誇りを高めるため」と政府は説明していましたが、国に対する誇りを高めるためには、このようなとてつもなく高価な建物を建てるよりもっと安い方法があるはずだというのが私の意見です。軍事政権の退役将軍たちが自伝でこのことについて明らかにしてくれるのを楽しみにしています。

タラバー門碑文に関しては、重要な課題があります。碑文に描写されているのは、果たして王のための恒久的な住居の建設についてなのか、それとも儀式のための仮設のパビリオンの建設についてなのかということです。碑文を注意深く読んでいくと、これは恒久的な王宮についての記述ではないと考えるようになりました。後世の歴史も参照すると、王が儀式用のパビリオンを造らせた事例がいくつも見られます。

1923年に碑文の内容が出版された時に編集者が既に指摘していたように、新たな王が王国と王位を安定させるまでには、数年間は敵（または親族）と戦い続けねばならなかったでしょう。これは仏教徒としては正しい行いではありませんでした。そこで治世の間は宗教に集中するため、正しい仏教徒の王、チャクラバルティン（転輪聖王）として即位しました。この重要な儀式のために、パンダルと呼ばれる仮設構造物が建てられます（図11）。タラバー門碑文に書かれていたのもおそらく、即位儀礼のために建設されたこのような仮設建物の一つについてだったのではないかと思います。

一方、発掘調査では、煉瓦壁、柱のある部屋、厨房、排水溝、ゴミ捨て場から構成された、非常に大規模な複合建築の遺構が発見されました（図12）。この建物が宗教的な用途ではなく世俗的な用途に用いられたことは明らかです。

放射性炭素年代測定では、バガンの城壁および王宮遺跡について11世紀から13世紀の間のものであるという結果が出ていますが、それ以上詳しい情報がありません（図13）。王宮跡の柱穴から見つかった木材からは、770年から1270年の間という測定結果が出まし

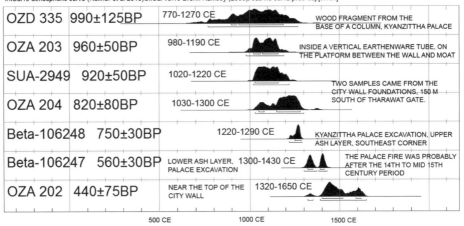

図13 バガン城壁および王宮遺跡の放射性炭素年代測定結果

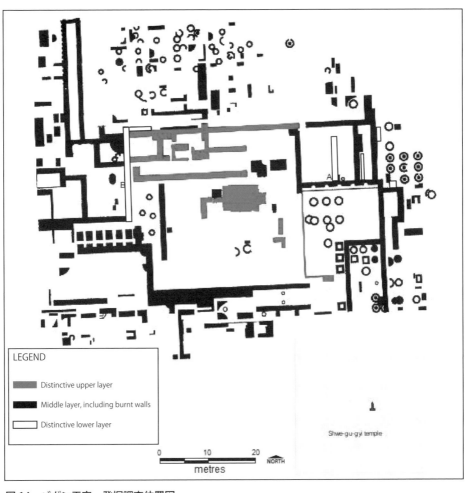

図14 バガン王宮 発掘調査位置図

図15 「チャンシッター王宮」の発掘現場 火災の痕跡と柱穴

図16 「アノーヤター王宮」の発掘現場

図17 地下室群

た。当時の機材ではそれほど正確に測定できず、300年間くらいの幅で結果が出ています。測定からは、14世紀以降あるいは15世紀半ばに火災があったということもわかりました。

出土した遺構面を見ていきますと、三つの層があることがわかります（**図14**）。グレーで示した上層は、バガン時代より後になって古い建物のマウンド上に建てられた遺構です。黒色で示した層には、多数の煉瓦造構造物と煉瓦で囲まれた柱穴があります。白色（黒線囲み）で示した層はそれよりも前の時代の遺構ですが、部分的にしか見えていません。

柱穴は一群で見つかることもあれば単独のこともあり、奇妙に重なり合っていることもあるので、何度も建て替えが行われたと考えられます。

図15は「チャンシッター王宮」の遺跡で14世紀あるいは15世紀にあった火災の痕跡を残しています。壁の煉瓦が火災によってガラス化しています。柱穴と複雑に組み合わさった数多くの煉瓦構造物が見られ、つねに増改築が繰り返されていたと思われます。

この区域の西側にもう一群の建築遺構が出土し、チャンシッターの先代の王にちなんで「アノーヤター王宮」という名前が付けられました（**図16**）。ただし、これはまったくの空想に過ぎず、この考古遺跡とアノーヤター王

図18 漆製品の養生に使われている現在の地下室

図19（左） 中国貨幣で刻印された土器片

図20（上） 明の器を模したベトナム製の陶器

を結び付ける証拠は何もありません。一方で、アノーヤター王の実在は碑文から証明されていて、彼の住居はおそらく都城の中心付近にあったと思われます。残念ながら、この王と実在の宮殿とを関連付けるような碑文は今のところ見つかっていません。

発掘によって地下室群が発見されました（**図17**）。煉瓦壁の内面は滑らかに仕上げられていたのに対して、室外側は粗いことから、これらの部屋が地表面より下にあったことがわかります。大型の地下室の一つの内部（**図17下**）では、床に木製の柱のための礎石があり、壁面には大引を挿入した孔とその上方にランプを置いた竈がありました。すなわち、この建物には木造の床が張られ、天井があったということがわかります。

最初のうちは、遺構がバガン時代に属するという推定のもと、これらの部屋は王室の宝物庫であったという大変ロマンチックな解釈もありました。しかし、これらの部屋はもっと高い地表面から掘り下げられていることを考えると、ここ200年くらいのもっと最近の建物のようです。

これらの部屋は王室宝物庫でないとすると、その用途は何だったのでしょうか。私は漆製品を保管した場所ではないかと考えています（**図18**）。15年前のミャンマーの新聞記事は、この王の宝物庫が発見されたという話題で持ちきりでしたが、これは歴史的には不正確な空想的解釈にすぎません。

図21　柱穴群

図22　土器製作遺跡から出土した瓦（左）とバガン王宮から出土した瓦（右）

　発掘によって明らかになったのは、バガン時代から1990年代に多くの住民が考古地域の外へ移住させられるまで、この場所でずっと何かしらの活動が行われていたということです。発掘調査の知見から、この場所がどのように時代を経てきたかがわかります。

　図19に中国貨幣の刻印で装飾された土器片があります。中国人の知り合いに見せたら即座に読んでくれて、この貨幣は1102年から1106年の間のものであることがわかりました。この貨幣がスタンプとして使われるまでにどのくらいの時間が経ったかわかりませんが、12世紀には、バガンの土器職人の手に中国貨幣が渡るほど、中国の交易が盛んだったということは明らかです。

　図20は、明の器を模したベトナム製品です。15世紀に中国からの輸出が減少すると、それに合わせてベトナム、カンボジア、タイおよびミャンマーで製作された施釉中国陶器の模造品が現れ始めます。この遺品は、バガン時代のずっと後にも、ここに輸入された模造陶器を買うだけの財力のある住民がいたことを物語っています。

　このような、バガン時代から近代までの様々な出土品によって、おそらく19世紀頃までバガンの中心域にこの地域の支配者が住んでいたことがわかります。

　1000年から1100年の間の土層まで発掘すると、多数の柱穴（図21）や屋根瓦が発見されます。屋根瓦を用いる木造建築が存在した

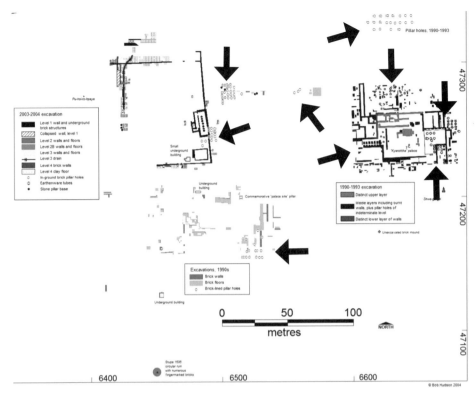

図 23 「チャンシッター王宮」および「アノーヤター王宮」発掘調査位置図
（矢印は木造建築遺構の検出場所を示す）

証拠です。図 22 に、バガン中心部の土器製作遺跡から出土した瓦（左）と王宮遺跡から出土した瓦（右）を示します。後者には、型枠を使った部分や型押しされた人物像が見られ、型を繰り返し使って工業的に生産していたと思われます。宗教建築の屋根の形式とは異なるので、これらの瓦は支配階級に属する世俗的な建物に使われていたに違いありません。

図 23 は、二つの王宮発掘現場の平面図を一つにしたものです。黒い矢印のそれぞれは柱穴群の位置を示しています。少なくとも 9 棟の木造建物があり、その多くが何回か改造されています。

これらの木造建築は支配階級の住居であったと思われます。バガン時代の宮殿の図はたくさんありますが、どれも型にはまった誇張された図ばかりです（図 24）。

図 25 は重なっている柱穴の一例で、建設時期が複数あったことを示しています。バガンの柱穴は煉瓦造で、底に砂岩製の丸い礎石があります。

バガン以降のミャンマー木造建築

もう少し新しい時代のミャンマーの木造建築を見ていきたいと思います。図 26 はミンブにある木造の僧院です。19 世紀に建立されてから 150 年が経ち、非常に状態が悪かったですが、2005 年に修理されました。修理の際、当初の掘立柱は取り除かれ、コンクリートの基礎の上に載った柱に取り替えられました。

1310 年から 1320 年にかけてのバガン時代の後、ミャンマーの首都がマンダレー、アマラプラ、アヴァ、ザガインへと移転していきました（図 27）。順番に移っていったのではなく、何度も行ったり来たりしています。首都が移る度に、木造建築も移築されていまし

図24 バガン時代 宮殿の型にはまった表現

図25 重なった柱穴

図26 ミンブの木造僧院
（19世紀建立、2005年修理）

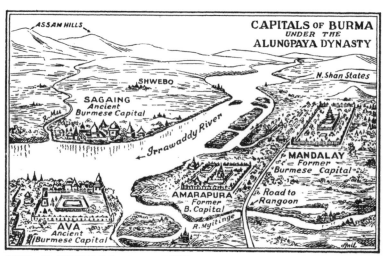

図27 13世紀以降のミャンマーの首都

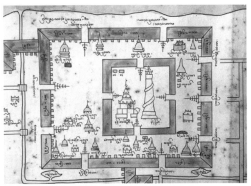

図28 アヴァの地図

図29 アマラプラ王宮のエッチング（1795年）

図30 アマラプラ王宮の絵（1855年）

図31 アマラプラ
木造建築の写真（1855年）

た。

　アヴァ（インワ）は1364年から555年、1685年から1783年、1821年から1842年に首都として機能していました。王宮の図はありませんが、今でも現存する物見塔と宮殿のスケッチが描かれた地図があります（**図28**）。

　アマラプラは1785年から1821年、1842年から1859年に首都として機能していました。**図29**は1795年の詳細なスケッチをもとに作られた王宮の謁見ホールのエッチングです。高い基壇の上に木製の柱が建ち、重層の屋根がかかっています。**図30**は1855年の絵です。柱が密集して建っていることがわかります。**図31**は、1855年にイギリスの写真家が撮った写真です。王がボートレースを観戦する際に用いた建物が写っています。木製の柱を用いる建築の伝統が19世紀まで継続していたことがわかります。

　1857年にミンドン王が首都と王宮の建物をマンダレーに移しました。マンダレーは1859年から1885年までミンドン王とティーボー王が支配し、1886年から1942年までイギリス統治下にあり、1942年から1945年まで日本軍が支配し、1945年から1948年まで再びイギリス領となり、1948年にビルマ連邦の結成とともにビルマ政府の管理下に置かれて今日に至ります。**図32**はアマラプラから移築された王宮の謁見ホールの1865年の石版画です。**図33**はイギリス植民地支配下の1886年の絵で、木製の柱を備えた建物の前に兵隊

図32 マンダレー王宮の石版画（1865年）

図33 マンダレー王宮の絵（1886年）

図34 爆破されたマンダレー王宮（1945年）

図35 1976年に復元されたマンダレー王宮

が描かれています。1945年に日本軍が軍営として使っていたマンダレー王宮が、イギリス軍によって空爆されました（図34）。その後、1995年に復元された王宮が建てられました（図35）。

マンダレー王宮の建設当初からの建物が一棟だけ現存しています。シュエ・ナンドー僧院です（図36）。この建物はもともとアマラプラ王宮からマンダレーへ移築されたもので、ミンドン王がこの建物で亡くなった後、王宮内に留めておくのは不吉と考えた息子のティーボー王が解体して僧院へと運び、そこで僧院建築に再利用しました。今は仏像が安置されていますが、本来は王の居住空間として使われていました。この建物は2017年に修理されました（図37）。碑文には柱に金や銀を巻くと書いてありますが、現在はプラスチックで巻かれています。

王宮を復元した建築がバガン、マンダレー、シュエボー（コンバウン時代初期の首都）およびバゴーに建てられています（図38）。歴史的に不正確だと批判するのは簡単でしょうが、彼らなりに当初の木造建築を再現しようと最大限の努力をしたのだと思います。国民の誇りを高めたり、観光のためには良いのかもしれませんが、考古学的な研究にはあまり役に立ちません。

バガンに戻ると、その王宮域がどのようなものであったについてのモデルを組み立てようとする作業はまだ緒に就いたばかりで、どこにどのような建物が建っていたのかの答えは誰も出せていません。今後の研究に期待するところが非常に大きい分野です。

図36 シュエ・ナンドー僧院

図37 シュエ・ナンドー僧院の修理

バガン

マンダレー

シュエボー

バゴー

図38 復元された王宮建築

2 古代木造建築を「建築史学」から考える

2.1 考古学的知見から見た北部ベトナムの古代木造建築

東京文化財研究所
文化遺産国際協力センター
友田正彦

はじめに

ベトナムは南北に非常に長い国土を持ちますが、私の印象としては、北部ベトナムは東アジアに、南部ベトナムは東南アジアにそれぞれ属しています。気候的にもそうですし、人々の気質や文化といった面で北ベトナムは中国の影響を強く受けてきました。

図1は、11世紀から14世紀頃のベトナムとその周辺地域の概念図です。アンコール朝があり、バガン朝があって、現在のベトナムでは南にチャンパ王国があり、北部にベトナム語で「ダイベト」と呼ばれる大越国があります。この地域は東アジアと東南アジアの接点であると同時に、中国が南進してくる前線にあたる場所でもあります。実際、大越国が1010年に建国されるまでの約2000年にわたって、ベトナムでは北属期と呼ばれる中国支配の時代が続きました。大越は最終的には南のチャンパ王国を併合し、最大勢力のキン族がベトナム全土を支配するに至ります。

現存する木造古建築

考古学的観点からの主題に入る前にまず、北部ベトナムに現存する木造古建築を見ることで、若干の基礎的な知識をご紹介したいと思います。

延應（ザウ）寺上殿（図2～図4）は、ベトナムで現存最古といわれている木造建築です。正確な建立年代は不明ですが、15世紀頃の建物ではないかと考えられています。この地域の仏教建築については大山亜紀子氏が広範に研究されており、私の研究も彼女の成果に負う部分が多くあります。断面図（図4）を見ると、柱の上に大斗が載り、それが梁を承けていて、水平な部材を束と斗とを使って重ねていく小屋組の構造になっています。軒先の部分だけに斜めの登り梁のような部材が使

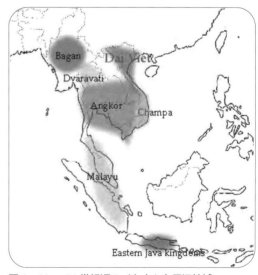

図1　11～14世紀頃のベトナムと周辺地域

図2　延應寺上殿　外觀

図3　延應寺　内部ディテール

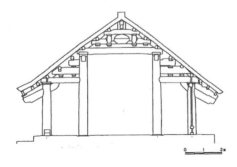

図4　延應寺　断面図

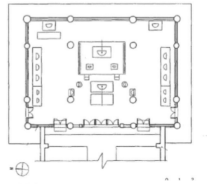

図5　延應寺　平面図

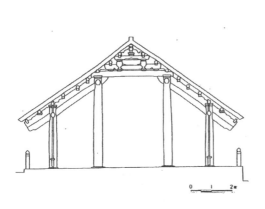

図6 寧福寺 断面図

図7 寧福寺上殿 外観

図8 寧福寺 屋根構造

図9 寧福寺 外廻り

われていますが、これはベトナム建築の特徴的な要素です。また、日本の木造建築では柱の頂部を繋ぐ頭貫という部材が身舎の周りをめぐりますが、それがここにないこともベトナム木造建築の特徴です。礎石の上に木の柱を立て、小屋を組んで、屋根には瓦を葺くというのがベトナムの典型的な木造建築です。

寧福（ブッタップ）寺上殿（図6〜図10）は年代が少し下って17世紀の建物です。ここでは登り梁がさらに長く、身舎柱のところまで達していることがわかります（図6）。この登り梁をベトナム語でケオ（keo）と呼び、この部材を用いることがベトナム建築の大きな特徴です。柱を屋内側に向かって少し傾ける「内転び」という技法が使われているほか、中国建築や日本建築の屋根面は「照り」といって曲面を描くのに対し、ベトナム建築では直

図10 寧福寺 内部

図11 大悲寺 開祖堂

線的になっており、軒が非常に低くて出も短いというのが特に古い木造建築の特徴です。

さらにこの建物では、隅の部分の軒先を支える独立した柱が立っています。他の建物でもこのような独立柱が立つ例があり、これも特徴的な要素です。

中国建築や日本建築では組物（斗栱）を用いますが、ベトナム建築では非常に例外的にしか使われません。大悲（ボイケー）寺開祖堂（**図11**）と神光（ケオ）寺鐘楼（**図12**）は組物を用いる数少ない例ですが、実はどちらも構造的にはあまり意味がないのです。実際に軒を支えているのは登り梁で、その下にある組物は構造的にはさして役に立っていません。建物を立派に見せるための意匠として組物が使われているというのが、私の印象です。

木造建築の発掘遺構

いよいよ考古学の話に移ります。私がベトナムの木造古建築についての研究を始めたきっかけは、タンロン皇城遺跡（**図13～図23**）の保存にユネスコ・日本信託基金による技術支援プロジェクトの一員として関わったことです。

タンロン遺跡はハノイの都心、国会議事堂が建っていた場所にあり、国会議事堂を建て替えることになって緊急発掘が行われた結果、大越国が建国された李朝期の皇宮をはじめ、それ以前も含む各時代の遺構が重層的に発見されました。ベトナム社会科学院が2002年から開始した発掘調査によって、計画的に配置された宮殿群があったことが分かってきています。社会科学院作成の配置図（**図13**）で、遺構図が描いてあるところはほぼ確実な建物、描いていないところはかなり想像の部分もありますが、よく計画された宮殿群が存在したことがわかります。

図14は、その宮殿群の一部分を拡大したものです。寺院でもそうでしたが、立派な建物は入母屋造が基本になっていることが柱の配置からわかります。日本では入母屋造の場合は四隅の45度方向に隅木が入るので角の部分の4本の柱が正方形を作りますが、ここでは長方形になっています。さきほどの延應（ザウ）寺でも同様に長方形です（**図5**）。大きい建物では正方形の位置に柱が立っていますが、相変わらずその隣によく役割が分からない柱が

図11（続） 大悲寺 開祖堂

図12（中・下） 神光寺 鐘楼

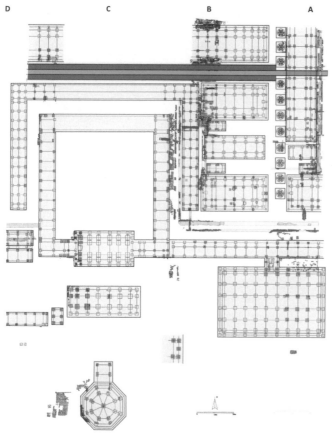

図13 タンロン遺跡 配置推定図

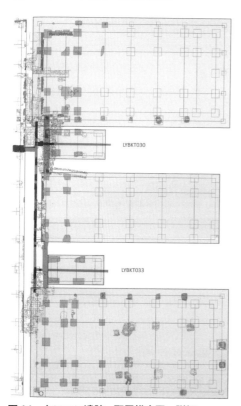

図14 タンロン遺跡 配置推定図 詳細

図15 タンロン遺跡 発掘された遺構

図16 タンロン遺跡 礎石

図17 タンロン遺跡 掘立柱

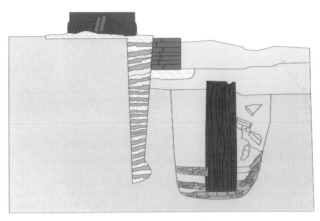

図18 タンロン遺跡 掘立穴 断面図

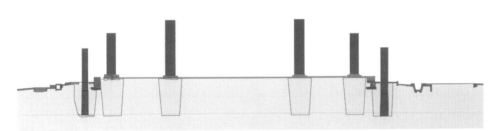

図19 タンロン遺跡 基礎 断面図

あります。このように、柱配置が非常に独特で、中国建築とも異なるものになっています。さらに、基壇の出がほぼ軒の出に等しいと考えれば、軒の出が柱間に対して非常に短いこともわかります。このような平面や軒の出の特徴は、現存する建物と考古学的に出土したもっと古い時代の建物とで共通しています。

タンロン遺跡では、基本的には立派な蓮弁の付いた礎石があって（図16）、その上に木の柱が立つのですが、いくつかの建物ではその外側、基壇の下に掘立柱が出土しています（図17〜図19）。柱穴の底には礎石があり、その上に柱が立っている状況がそのまま残って出土した例もあります（図17）。この掘立柱が建てられた時期についてはいろいろ意見がありますが、少なくともこの建物に関

91

図20　タンロン遺跡　本瓦

図21　タンロン遺跡　「鱗瓦」

図22　タンロン遺跡　出土瓦

図23　タンロン遺跡　軒瓦

していえば、基壇の基礎よりも下に柱穴があるので、柱穴を開けて掘立柱を建てた後に基壇が造られた、という順番と考えています（図18）。つまり、一時的かもしれませんが、掘立柱と礎石立ちの柱は同じ建物で併用されていたことになります。さきほど、軒先に独立柱が立つ建物の例を紹介しましたが、このような軒先を支えるための独立柱は非常に不安定なので、そのような場合に掘立柱が用いられたのではないかと考えています。

タンロン遺跡からは瓦も非常に大量に出土しています（図20～図23）。丸と平がある本瓦（図20）と、仮に「鱗瓦」と呼んでいますが、平たい瓦を千鳥に重ねていく（図21）ものの二つのタイプが見られます。どちらのタイプでも軒先に、「ラデ」という、菩提樹の葉っぱ型の飾りが付くのがこの時期のベトナムの瓦の特徴です（図23）。

他の遺跡の例を見ます。時代が降って1400年頃に明国が攻めて来た時に少し南のタインホアというところに胡朝城が造られます（図24～図27）。これもタンロン遺跡と同様に世界遺産になっています。この胡朝城の建物はまったく現存せず、城門の石造部分だけが残っています。その上面に柱穴と思われる穴が開いています（図26）。形状は明確ではありませんが、これをもとに木造の楼閣が上に建っていただろうと考えられています。この遺跡でもやはり両方のタイプの瓦（図24）や、釘も出土しており（図25）、数多くの木造建築があったことを示しています。ちなみに、タンロン城と同型の瓦もかなり多く出土していて、瓦だけか建物全体かはわかりませんが、タンロン城から材料を運んで来てここに宮殿を造ったと考えられます。

ローザン行宮は、陳朝期の13世紀末に建て

図 24　胡朝城　出土瓦

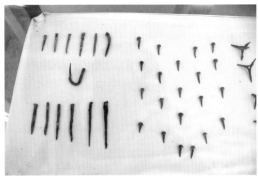

図 25　胡朝城　出土釘

図 26　胡朝城　城門　柱穴

図 27　胡朝城　城門

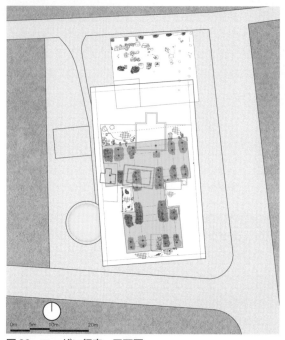

図28　ローザン行宮　平面図

図29（上）/図30（下）　ローザン行宮　出土瓦

図31　ローザン行宮　基礎

られた一時的な宮殿です（**図28〜図31**）。ベトナムの寺院建築で典型的な、二つの建物を繋いだ日本の権現造のような工の字形平面の建物遺構が発見されています。ここで出土した瓦は基本的に平たい瓦で（**図29〜図30**）、本瓦は出土していません。

実のところ、李朝と陳朝の間に大きな変化があり、李朝期の間は本瓦と鱗瓦が少なくともタンロンでは併存していますが、陳朝期になるとほぼ平たいタイプの瓦ばかりが使われ、本瓦はごく例外的にしか使われなくなったようです。

ここの礎石は失われていますが、やはり礎石建ちで、その下の基礎地業については、小石と粘土を互い違いに突き固めたものが出土しています（**図31**）。基壇の全体に突き固めを行うのではなく、礎石を据える直下だけにこのような基礎地業を造るというのは、チャンパの遺跡にみられるのと同じようなやり方です。

図 32　佛跡寺

図 33　佛跡寺　塔の基礎

図 34　佛跡寺　本尊

　寺院の遺跡もいくつか見ていきたいと思います。佛跡（ファッティック）寺は李朝期の11世紀半ばに建てられた寺院です（**図 32 ～ 図 35**）。

　最近ベトナムの寺院にはお金が集まるようになって建て替えも多いのですが、ここでも伽藍を新築する工事を始めたところ、李朝時代の寺院の建物跡が出てきました。本格的な発掘調査は残念ながら実施されず、工事をしながら調査が行われました（**図 32**）。今は新しい建物の中に申し訳程度に塔の基礎部分が展示されています（**図 33**）。本尊は台座も含めて李朝時代の非常に貴重なものです（**図 34**）。塔は煉瓦造ですが、塔に属すると思われる石製の部材が出土していて、石と煉瓦を

図 35　佛跡寺　塔の石製部材

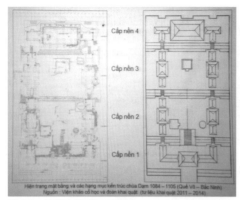
図36　神光寺遺跡　配置図

図37　神光寺遺跡　礎石・地覆石

図38　神光寺遺跡　基礎

図39　神光寺遺跡　基礎

組み合わせた建物がここに建っていたことがわかります（**図35**）。なお、仏堂は木造だったことが分かっています。

神光（ザム）寺遺跡も李朝期ですが、もう少し後のものです（**図36～図39**）。ここでは大々的に発掘調査が行われて建物配置が分かっています（**図36**）。礎石と地覆石が綺麗に残っていて、タンロン遺跡やローザン行宮遺跡にもみられる技法ですが、2本の柱に対して一つの地業を造るというやり方が見られます（**図37～図38**）。伽藍は段々に山の斜面に沿って建っていて、一番高所に位置する本堂にあたる建物の基壇は岩盤を掘り込んで造られています。この基壇の上に礎石があるのですが、基壇の外側にも礎石があって、これらは前述のような軒支柱に対応するものである可能性があります（**図39**）。さらにここには柱より細い、何かを立てた穴も開いています。すなわち、ここでもやはり軒を支える構造と本体の構造が別にあるような建物が想定できるのではないかと思います。

この寺院に龍の彫刻の付いた巨大な石柱が立っています（**図40**）。これは何なのかを考えるヒントとして、ハノイのホーチミン博物館構内にある延祐寺蓮華台、一般に一柱寺（One Pillar Pagoda）と呼ばれている建物があります。李朝期に創建されたといわれており、1954年に焼失してしまったのですが、現在は再建された建物が建っています（**図41**）。石の柱の上に木造の建物が建っているという非常に変わった代物で、あるいは神光（ザム）寺の石柱もこういうものを支えていたのかもしれません。

このように想像もつかないような建物も時にはあるのかもしれませんが、基本的には古代の木造建築も今残っている建物と極端には違わないだろうと考えています。

図40　神光寺遺跡　石柱　　　図41　一柱寺　再建建物

建築型土製品

　これまで見てきたようにタンロン遺跡では、宮殿建築の基壇遺構や瓦などが出土していますが、肝心の木造の上部構造については直接的な情報がありませんでした。李朝、陳朝の時代の建物は一つも残っていないので、当時の木造建築のことを知る手がかりはないだろうかということで、大山さんや上野邦一教授の助言を得て、建築を象った同時代の焼物を調査することになりました。全体では4、5年にわたって社会科学院の都城研究センターとの共同調査を科研費で行いました。悉皆的とまではいきませんが、主だった資料に関しては片端から博物館を訪ねてまわってデータを集めました。

　古くは漢墓から出土する、中国でもよく見るような家形明器がありますが（**図42**）、李陳時代の作例として一番多いのは陶製仏塔です（**図43〜図44**）。小型の仏塔は全部が一体で造られているのですが、大型の製品になると焼物でパーツを造り、それを積み上げて組み立てます。陶製仏塔を現存する陳朝期の煉瓦造の塔と比べると、基本的に同じ形をしています（**図45**）。

　陶製仏塔にはあまり木造的な要素はないですが、かたや「邸宅模型」と仮に呼んでいるもので、邸宅なのか、寺院なのか、宮殿なのかわかりませんが、いくつもの建物を部分ごとに造って組み合わせたものがあります（**図46〜図47**）。この写真の並べ方が正しいのかも実はわかりませんが、ともかく完全に木造建築を模しているとしか考えられません。瓦の表現が見られ、しかも**図46**の場合は、鱗瓦と本瓦、2種類の瓦が同じ建物の塀の中でも使い分けられています。つまり、何か格式に応じた使い分けがあると考えられます。

　中には非常に大型の作例もあって、建築的な細部がかなり細かく造られています（**図48**）。瓦の葺き方もよくわかりますが、穴が開いているところには菩提樹の葉型の飾りを別製品で挿します。その別に造った部品も出土しています。これは陳憲宗という陳朝の皇帝の陵墓に設置されていた建物模型です。

　このような模型の断片は別の場所でも出土しています（**図49**）。出土状況がよく分からないのですが、非常に細かく瓦の表現がされ、木造部分についても造り込まれていることが

図42 家形明器（タイビン省博物館蔵、出土地不明）

図43 陶製仏塔（左：タイビン省博物館蔵、同省キエンスオン県出土、右：ハノイ歴史博物館蔵、ハノイ市バーディン区出土）

図44 陶製仏塔（イエンバイ省ハック・イ遺跡、出土現地にて展示）

図45 左：陶製仏塔（ナムディン省博物館蔵、出土地不明）　右：普明寺塔（ナムディン省、14世紀）

図46 邸宅模型（ナムディン省ヴバン県出土）

図47 邸宅模型（タイビン省フンニャン県出土）

図48 組み立て式の大型模型（クァンニン省ドンチェウ県 陳憲宗陵出土）

図49 組み立て式の大型模型（ナムディン省ヴバン県出土）

図50 邸宅模型（ナムディン省出土、陳朝期）

わかると思います。

　図50は図46の邸宅模型の門です。ベトナムの木造建築には通常用いられない頭貫がここには見られて、その先端に木鼻が付いています。

　さきに見た2例（図48～図49）では、柱の上にある桁材が非常に特徴的で、断面が丸く、太い材が使われています。中国・福建省にある宋時代の華林寺大殿を見ると、丸い桁が使われています（図51）。木鼻は古い時代にはなく、もう少し後になって現れてきます。元時代の延福寺大殿（浙江省、図52）のように、中国の南方でこのような太い桁を使った建物が見られます。

　図50の門では頭貫が柱とかみ合っていますが、図53の模型を見ると柱とかまずに柱の上に桁が載る形になっていて、木鼻が付いています。これは非常に特徴的な組み方です。

　最初に見た古い寺院建築の例でも（図3、図7）、柱の上に斗があって梁が載り、小屋組がありますが、これと同じように模型でもやはり柱と梁が直接かみ合っていないのです。さきほど見たように、外回りでも桁が柱の上に載っているだけという構造があった可能性を

99

図51 華林寺大殿（福建省、宋・964）

図52 延福寺大殿（浙江省、元・1317）

図53 組み立て式の大型模型（クァンニン省ドンチェウ県 陳憲宗陵出土）

図54　雲崗石窟第2窟塔柱（北魏・5世紀）

図55　天龍山石窟第16窟（北斉・560頃）

示唆しています。

　そこで想起されるのが中国のさらに古い時代の建築で、現存はしないのですが、例えば雲崗石窟（図54）であるとか、天龍山石窟（図55）のような唐時代の石窟にみられる建築表現では、やはり柱の上に斗があって、その上に桁が載っている例がみられます。もっと新しいものでも実はそのような例があります（図56）。北魏や北斉といった、かなり古い時代の中国建築の手法が、あるいはベトナムに入ってきていたのではないかと考えています。

　組物を伴う作例のほとんどは仏塔の模型です（図57）。日本や中国の組物では、手前の軒先方向に出る組物の先でさらに手先が左右方向に延びる組み方が一般的ですが、ベトナムの建築模型ではそのような例がまったく見られず、基本的に外へ外へと伸ばしていくやり方なのが特徴的です。時には、その伸びていく組物の代わりに人物像が軒を支えていることもあります（図58）。

　陳英宗という陳朝の皇帝の墓から出土した、塔模型のばらばらになっている断片を組み合わせてみたところ、やはり組物は基本的には先へ先へと出ていきますが（図59）、一番先

101

図 56　泉州文廟大成殿（明・18 世紀？）

図 57　塔の模型（ハノイ市バーディン区出土）

図 58　組物表現の例（トゥエンクアン省出土）

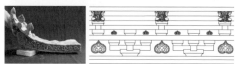

図 59　クァンニン省 陳英宗陵出土品の復元案

図60　永慶寺ビンソン塔（ヴィンフック省、14世紀末？）初層

端で軒を直接支える部分は何か動物のような形になっています。ただ、その配置が非常に奇妙で、組物の真上で軒を支えるのではなく、組物と組物の間の位置で軒を支えており、木造の組物のあり方としては考えにくい形をしています。

現存する煉瓦造の建物では、ビンソン塔という陳朝末期頃の仏塔に、煉瓦で組物が表現されています（**図60**）。穴が開いているところには、石か煉瓦でつくった、手前に出る形の肘木が挿さっていたと考えられますが、手前に出てきても何も支える相手がありません。そのため、この組物は構造部材ではなく単なる装飾要素といえます。

ハノイにある金蓮（キムリエン）寺の門にも組物があり、これも手前にだけ肘木が出ていって横には拡がりません（**図61**）。日本の大仏様の建築にみられる挿肘木と似たような手法です。

模型的な建築表現について中国でも調査をしました。例えば福建省福州にある湧泉寺という寺院に陶製の塔があります（**図62**）。焼物の塔が屋外に建っている珍しい例の一つです。非常に細かく造り込まれており、基本的に木造建築の細部として矛盾がありません。

江蘇省の甘露寺にある鉄製の塔でも、やはり手先で拡がる形式の肘木が造られています（**図63**）。このような作例を見ると、模型だから組物の形式を簡略化したとはなかなかいいにくいように思います。そもそも、手先で横に拡がるような形式の組物はベトナムにはなかった、あるいはあまり使われなかったと考えられます。

ところで、これらの2例はどちらも八角形平面の塔です。ベトナムの李陳期と対応する中国の宋時代では塔の標準形式は八角形平面です。隋唐時代には正方形平面の塔が一般的ですが、宋時代になると八角形の方がむしろ一般的になります。しかし、ベトナムではこのような八角形の塔は模型製品でもほとんどなく、正方形平面が基本です。そのあたりからも、同時代の中国の情報は常に入っていたはずであっても、をやみくもに採り入れたわけではないことが分かると思います。

図61 金蓮寺山門（ハノイ、18世紀後半）

図62 湧泉寺東陶塔（福建省福州、北宋・1082）

図63 甘露寺鉄塔（江蘇省鎮江、宋代）

図64 天福寺上殿軒の登り梁（旧ハタイ省）

図65 建築型土製品（イェンバイ省ハック・イ遺跡出土）

図66 建築型土製品（下層、クァンニン省 陳憲宗陵出土）

図67　組物上の彫像（トゥエンクアン省出土）

図68　組物上の彫像
（ヴィンフック省伝世）

図69　組物上の彫像
（ナムディン省ドイ寺出土）

　冒頭で、登り梁構造（**図64**）がベトナムの建築の特徴と述べましたが、改めて**図65**や**図66**のような模型を見てみると、これは組物ではなく、実は登り梁の先端なのではないかという可能性にも気づきます。登り梁であろうが組物であろうが、いずれにせよ軒先方向に伸びて軒を支えるための構造であって、壁付の組物はほとんど飾りとしか思えません。従って、構造的な要素としての組物は、おそらく本格的にはベトナムに導入されず、陳朝時代においても登り梁構造がむしろ一般的に使われていたのではないかと私は考えています。

　既に見たように、組物の一部が動物形や人物像に置き換わっている例がしばしば見られます（**図58**、**図67**～**図69**）。これもやはり組物が装飾的に扱われていたことの傍証といえるのではないかと思います。

　ちなみに、佛跡（ファッティック）寺の煉瓦造の塔では石製の肘木を壁面に挿すわけですが、それが何を支えているのかといえば、身体は鳥で頭は人間の姿をした想像上の像が載っているだけで、ここでも組物は構造的には何の意味もないことになります（**図70**）。

　古い木造建築を見ると、装飾という意味では、例えば小屋束のところに力士がいたり（**図71**）、あるいは仏像の台座の隅にガルーダと思われる像があったりします（**図72**）。こういった部分にはチャンパと共通する要素があるのではないかと思います。

図70 実大の塼塔に用いられた軒下の彫像(バクニン省佛跡寺出土、11世紀)

図71 延應寺上殿小屋束の力士像

図72 天福寺上殿石造須弥壇のガルーダ像

まとめ

　以上の話をまとめます。建築模型に関しては、当然いろいろ省略があったり誇張があったりもしますが、木造建築として考えたときにあり得ないような構造は基本的にはなかったと思います。その中で、特に古い時代の現存建物と共通する要素をいくつか見ることができました。例えば、柱と組み合わせないで桁を上に載せるといったやり方がありました。また、特に陳朝の終わり頃の土製品を見ると、おそらく当時も登り梁構造が使われていたと考えられます。

　一方で、組物を用いる現存木造建築の例を最初に二つ示しましたが、これらの建物の組物と土製模型に表現されている組物とは実はあまり似ていません。ここでは詳しくは述べませんが、現存している建物はもっと後の時代の中国建築の影響を受けてそのような外観が採り入れられたのではないかと考えています。組物的な表現は特に仏塔の模型に多く見られましたが、実は中国の宋時代には「倣木博塔」という木造の外観を模して煉瓦で造った塔の形式が盛んになります。必ずしもこの時代のベトナムに組物がなくても、そのような組物を表現した煉瓦塔の形式がベトナムに入って来てそれを模して模型化したということも考えられるのではないか。そういった意味では、李陳期に組物が本格的に導入された可能性はむしろ低いのではないかと私は考えています。

　最後に、考古学的に検証できる部分と推定の部分がありますが、中国建築と古い時代のベトナム建築を比べてみたいと思います。中国建築と共通する要素としては、例えば蓮弁を彫刻した礎石を使う、博積の基壇がある、胴張の付いた円柱がある、柱が内転びをしていたり、建物の四隅の部分で長くなっていたりすることが挙げられます。それから柱の上に斗を載せることも中国建築と共通します。本瓦葺も含めてこういった少なからぬ共通点がある一方で、中国と異なる要素も多く見られます。

　礫を固めて柱状に造ったような基礎地業は、実は中国の南方には類例があるのですが、中原地方では一般的でない技法です。軒支柱の使用や、掘立柱を礎石建ちの建物に併用するというのも中国ではなかなか例がないだろうと思います。

　ベトナム建築において特徴的な登り梁構造の多用は、直線的で軒の出の短い屋根形式と対応しているものと考えられます。平板状の瓦の使用は東南アジアの木造建築では広くみられますが、特に陳朝期以降に鱗状の瓦が支配的に使われるようになる背景には、中国伝統の本瓦とは違う流れが存在するものと考えています。このような瓦の使用には、その装飾的なディテールも含めて、おそらくチャンパからの影響か、あるいはもともとこの地域に中国の影響を受ける前から存在していた建築的な伝統が脈々と受け継がれている可能性もあるのではないでしょうか。

　中国建築の導入に関しても、各時代に様々な建築技法が伝わってきたはずですが、それをただコピーしてそっくり受け入れるということではなく、各時代の必要に応じた要素が取捨選択されていきました。ですから、なかには中国では非常に古い時代にしか見られないようなやり方がずっと後の時代まで残っていたり、逆に同時代の要素がただちに輸入されたり、といったことがおきるのだろうと考えています。

　その基層にあるものが何なのかについては私もはっきりとわかりませんが、非常に古い時期の中国の影響、あるいはもともとこの地域にあった、むしろ東南アジア的といってもいい伝統があって、その上に様々な中国的な要素やその他の外来の要素が積み重なって現在のベトナム建築に至る様式が形成されてきたのではないかと、今のところは考えています。

　今後、各国の様々な専門家の知見に学びながら、地域間での建築的交流関係の実相や、諸技術の源流といったことについて、さらに考えていきたいと思います。

2.2　スコータイとピッサヌロークの古代木造建築

タイ王国文化省芸術局
第6地域芸術局
ナッタヤー・プーシー

はじめに

　この節のもととなった研究の目的は、スコータイ王朝およびピッサヌロークの古代都市を木造建築の痕跡から分析することです。この時代のほとんどの建物は仏教に関連していますが、宮殿の建物もあります。考古学的証拠に裏付けられた情報によって、これら古代遺跡の本来の姿を浮かび上がらせることができました。これにより古代遺跡の保存への関心が一層高まることを期待しています。

古都スコータイ

　クメール王朝は13世紀に衰退し始めました。当時の東南アジアは、タイ一帯で様々な勢力が勃興した時代でした。そのうちの一つが13世紀半ばに起こったスコータイ王朝でした。スコータイ王朝は13世紀から15世紀まで繁栄しました。多くの石碑に、スコータイには文化や資源が豊富にあったことが書かれています。スコータイには、タイ建築の始まりの例証となる素晴らしい建物が数多く存在していました。

　スコータイの古代都市に由来する建築遺構のほとんどは仏教寺院です。ワット・マハータートは、城壁で囲われた古都スコータイの中心部に建っており、ここに約200棟の建造物があります（**図1**）。蓮華のつぼみの形をした中心仏塔は、スコータイ建築を象徴する建物です。この建築様式はバガンやクメールなど近隣の国々からの影響を受けています。

　中心仏塔の前に集会堂があります（**図2**）。この中には仏像がありましたが、今はバンコクの寺院に移されています。ワット・マハータートの集会堂は、本来は木造屋根がかけられた大規模な講堂建築で、ラテライトの列柱に屋根架構の痕跡が確認できます（**図3**）。なかには木製の梁の一部が残っている柱があり、柱の仕口穴で木製の梁を受ける構造だったこ

図1　ワット・マハータート

図2　ワット・マハータート　集会堂

2　古代木造建築を「建築史学」から考える

図3　ワット・マハータート　集会堂
ラテライトの列柱

図4　ワット・マハータート　集会堂
柱の仕口穴

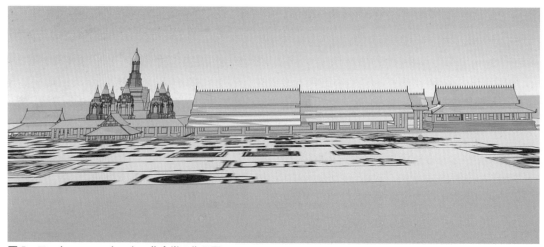

図5　ワット・マハータート　集会堂の復元図

110

図6　ワット・シーチュム

図7　ワット・シーチュム　集会堂

図8　ワット・シーチュム　集会堂　小屋組の痕跡

とがわかります（**図4**）。シラパコーン大学のサンティ・レックスクム教授が、遺構から得られた考古学的な情報に基づいて中心仏塔の前に建つ集会堂の姿を復元しました（**図5**）。復元された集会堂には壁がありませんが、実際は低い煉瓦造の外周壁があった可能性もあります。

　図6は城壁の外、古都スコータイの北西方に建つワット・シーチュムです。タイ語でモンドップと呼ばれる方形の平面を持つ主堂に仏像が安置され、その正面に集会堂が建っていました。残された列柱が屋根の高さを示しています（**図7**）。ワット・マハータートと同様に、ラテライトでできた柱です。スコータイでは、ラテライトを使った建物が多く見ら

れます。ワット・シーチュムの列柱にも屋根架構の痕跡が見られます（**図8**）。100年ほど前に撮られた写真では、ワット・シーチュムの集会堂の木造の小屋組や梁が確認できます。

　図9は城壁の外、古都スコータイの西方に建つワット・マンコーンです。仏塔の隣にタイ語で「ウボソット」と呼ばれる戒壇堂があります（**図10**、**図11**）。堂内には柱が残り、屋根の高さと同じ位置に仕口穴が確認できます（**図12**）。

　ワット・マンコーンの集会堂は小規模な講堂建築です（**図13**）。ラテライトの柱列は礎石のみが残りますが、礎石は方形のものと円形のものが混在しています（**図14**）。同じく城壁外の西方に建つテワライ・マハーカセッ

図9 ワット・マンコーン

図10 ワット・マンコーン 戒壇堂

図11 ワット・マンコーン 戒壇堂 側面

図12 ワット・マンコーン戒壇堂 柱の仕口穴

図13 ワット・マンコーン集会堂

図14 ワット・マンコーン集会堂の礎石

図15 テワライ・マハーカセット祠堂

図16 テワライ・マハーカセット祠堂柱に残る仕口穴

ト祠堂（**図15**）は方形平面の主堂（モンドップ）で、8本の太い煉瓦造方形の柱で屋根を支えていました。この煉瓦柱には多くの仕口穴が見られ、このことから木造の外壁があったと推測されます（**図16**）。

　城壁外の丘上に建つワット・カオプラバートノイ集会堂の古写真です（**図17**）。木造の小屋組の一部がまだ残っていることがわかると思います。この建物はアユタヤ様式で、スコータイ時代後期のものと思われます。

　スコータイで出土した屋根の部材がラーマカムヘーン国立博物館に展示されています（**図18**）。屋根瓦は素焼きで、丸瓦と平瓦が出土しています（**図19**）。スコータイは陶器で有名で、建築装飾にも用いられます。例えば、天使と花

図17 ワット・カオプラバートノイ集会堂

図18 スコータイで出土した屋根の部材

図19 スコータイで出土した屋根瓦

図21 スコータイで出土した陶器の垂木先飾

図20 スコータイで出土した陶器の妻飾

図22 スコータイで出土したバラーリ

図23 スコータイで出土した軒瓦

のモチーフで飾られた陶器の妻飾や（**図20**）、垂木の小口を風化から保護する施釉陶器の垂木先飾（**図21**）、タイ語でバラーリと呼ばれるクメール建築から取り入れた身舎の大棟や破風・庇の降り棟に載せる棟飾（**図22**）などです。軒先を飾る軒瓦にも陶器瓦を用います（**図23**）。**図24**に、スコータイ建築の屋根に用いる装飾部材の配置を示しました。妻飾、棟の上に並ぶバラーリ、軒瓦の様子がわかると思います。これはスコータイ建築の模式図で、柱だけで屋根を支持し、壁がありません（**図25**）。

14世紀後半から15世紀かけてのスコータイ建築の構造は、ラーマカムヘーン国立博物館に展示されている集会堂や戒壇堂の模型からもよくわかるように、アユタヤ様式の影響を受けています（**図26**、**図27**）。近代的な寺院であるシリ・マラウィチャイ仏堂は、アルブット・ゲルンチュクリン元芸術局長によって設計されました。この仏堂は、シリ・マラウィチャイ仏と調和するようにスコータイ様式で設計されました。建築性能を確保するためラテライトの代わりにコンクリートが主要な建材として使用されていますが、スコータイ美

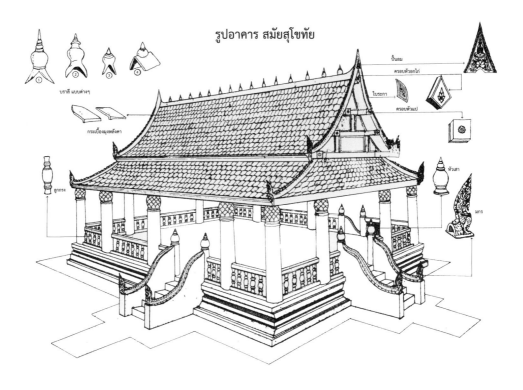

図24　スコータイ建築の模式図（透視図）

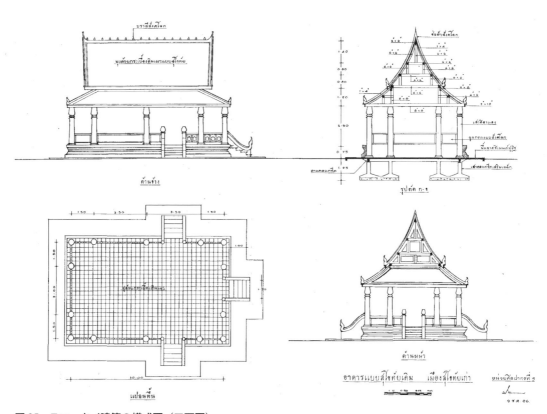

図25　スコータイ建築の模式図（三面図）

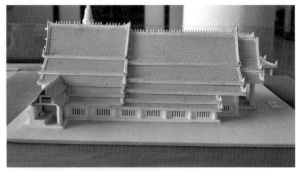

図26 スコータイの集会堂と戒壇堂の模型

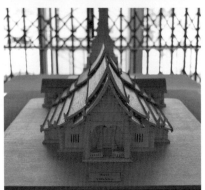
図27 スコータイ時代後期の建築の模型

術としての建築様式と同じ特徴を維持しています。例えば、陶器の建築装飾が階段の手すりや屋根の側面に用いられています（**図28〜図31**）。スコータイ様式の特徴とは別に、スコータイ時代後期またはアユタヤ時代初期の典型的な特徴として、壁に設けた開口スリットにアユタヤ様式からの美術的な影響を見ることができます。

古都ピッサヌローク

ピッサヌロークの歴史的背景ですが、考古学的な情報や年代記などの資料によると、ピッサヌロークはスコータイ時代の14世紀には存在し、アユタヤ時代の15世紀には北部の首都として、そして王子の都市として発展したことが知られています。

このピッサヌロークの中心にチャン宮殿があります。この宮殿はナレスワン大王が誕生した場所として、そしてアユタヤ王朝時代に多くの国王が居住した宮殿として関係学界の注目を集めています。

発掘調査の結果、この宮殿には三つの時期があるということがわかりました。第1期がサンプラヤー王とバロマトリローカナット王の時代である15世紀、第2期がマハータンマラーチャ王とナレスワン大王の時代である15世紀から16世紀になります。第3期は17世紀から18世紀です。

図32は1992年に撮影されたピッサヌロークの航空写真です。現在、城壁の大部分が新しい建物や道路の下に埋まっています。ナーン川によって、都市が東西に分けられています。東側は宗教的な中心であり、有名なチンナラート仏が安置されているワット・プラ・シー・ラッタナー・マハータートがあります。西側には政治的な中心であったチャン宮殿があります。

チャン宮殿は、ピッサヌローク・ピッタヤー

図28　シリ・マラウィチャイ仏堂　正面

図29　シリ・マラウィチャイ仏堂　南西側

図30　シリ・マラウィチャイ仏堂　天井

図31　シリ・マラウィチャイ仏堂　屋根の装飾部材

図32 ピッサヌロークの航空写真

図33 ピッサヌローク・ピッタヤーコム学校

図34 チャン宮殿　航空写真

コム学校が2006年に移転するまで、同学校用地として使われていました（図33）。図34は現在のチャン宮殿の航空写真です。チャン宮殿の周りにワット・シー・スコット、ワット・ヴィハーン・トン、ワット・プー・トンという三つの寺院があります。

既に述べたように、2004年から2008年にかけて行われたチャン宮殿の発掘調査で、大きく三つの時代に区分できることがわかりました。図35に第1期、第2期、第3期を示しています。

チャン宮殿の建物跡としては数々の円柱の柱穴（図36）のほか、単独の八角柱の柱穴（図37）や直径30 cmほどの単独の円形の柱穴が検出されました（図38）。図39と図40はチャン宮殿主殿の長方形平面の基壇です。このほかにも宮殿を囲う城壁に残る門扉の痕跡など多くの建物跡が確認されました（図41）。また、チャン宮殿からは長方形の平瓦と丸瓦が出土しています（図42）。

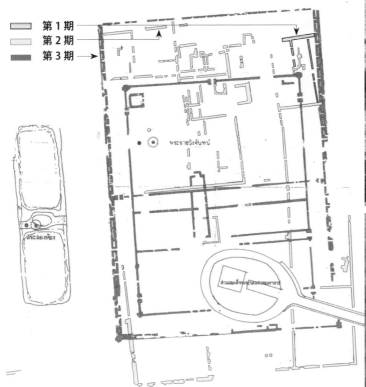

図35 チャン宮殿 配置図

図36 チャン宮殿 円形柱穴

図37（上） チャン宮殿 八角形柱穴
図38（下） チャン宮殿 直径30cm程度の円形柱穴

図39　チャン宮殿　基壇

図40　チャン宮殿　基壇（第2期）

図41　チャン宮殿　城壁扉の柱の痕跡

図42　チャン宮殿　屋根瓦

　発掘調査の結果から、チャン宮殿主殿は長方形平面で、煉瓦造の基壇は下部が漆喰で塗り籠められていることがわかりました。壁と屋根は木造で、素焼きの屋根瓦が葺かれていたと考えられます。一方で建物跡の痕跡からは、住居や他の建物の多くも木造だったと推測できます。最後に調査結果からシラパコーン大学サンティ・レックスクム教授が作成したチャン宮殿の第3期（最終期）の推定復元図を示しますが、遺構から得られた考古学的な情報に基づく主殿は赤色で表しています（図

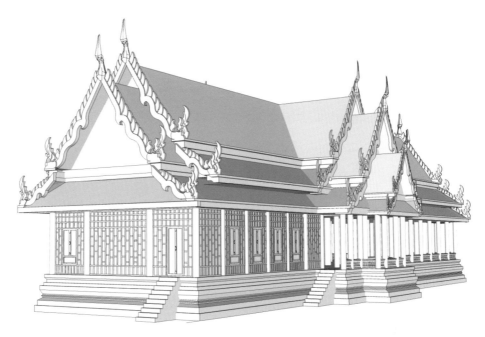

図43　チャン宮殿　復元図

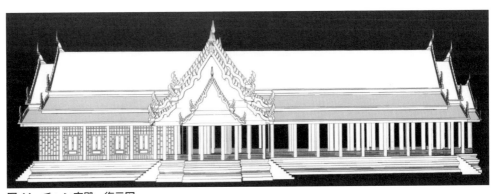

図44　チャン宮殿　復元図

43〜**図45**）。チャン宮殿の南側と南西側には、ワット・ヴィハーン・トン、ワット・シー・スコット、ワット・プー・トンという三つの重要な寺院があります。このうちワット・ヴィハーン・トンの中心仏塔の前にある集会堂（**図46**）では木製の梁の断片が柱の仕口に差し込まれた状態で残存しています（**図47**）。この建物についても、サンティ・レックスクム教授が考古学的および建築学的な情報に基づく復元図を作成しています（**図48**）。

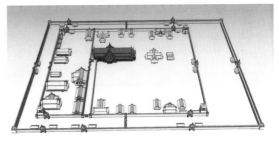

図45　チャン宮殿　復元図

図46 ワット・ヴィハーン・トン 集会堂

まとめ

　古代の遺構や考古学的な情報から、スコータイ時代の建築はほとんどが宗教的な目的で建てられたことがわかります。主要な寺院は列柱を伴う軸組構造で、釉薬が施された陶製または素焼きの瓦を葺いた木造の屋根を支えていました。壁はなかったか、あるいは煉瓦造の低い外周壁があったと考えられます。ただし、ブラフマニズムの影響を受けて建立され、堂内に彫像が安置されていたテワライ・マハーカセットでは木造の外壁があったと推定されています。

　宮殿のような世俗的な建築については、スコータイでは遺構が発見されていませんが、ピッサヌロークではチャン宮殿があります。チャン宮殿には王座がある主殿と居住部分という二つの区画がありました。主殿には煉瓦造の基壇と壁があり、屋根は瓦で葺かれていました。居住部分には木造建物があったと思われますが、遺構が少なく瓦しか出土していません。

　古代建築に関する知識を高めていくには、遺構から復元した模型を作成することが有効な検討方法の一つです。完璧に正確というわけにはいきませんが、私たちは遺構から得られる考古学的な情報に基づいて模型を作成して検討を行っています。復元模型には関係学界の議論を活発化させる効果があり、かつ遺跡を見学する訪問者の理解を深めるとともに、古代遺跡の保存への市民参加の促進にも繋がると考えます。

図47 ワット・ヴィハーン・トン　集会堂　梁の断片

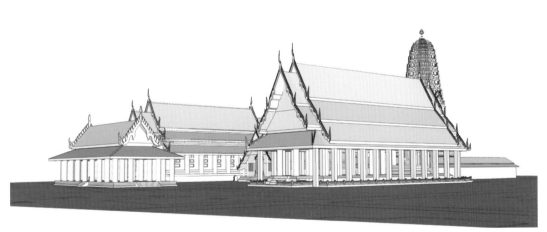

図48 ワット・ヴィハーン・トン　復元図

2.3 カンボジアとミャンマーにおける木造建築の伝統と発展過程に関する比較検討

インヤー・ミャンマー学研究所
フランソワ・タンチュリエ

　古代から植民地時代以前まで、ミャンマーとカンボジアの僧院や宮廷建築は、当時は両国ともに広く入手可能で、建材としての加工も容易な天然資源である木とともに歩んできました。何世紀にもわたって木材を様々な種類の構造物の建設用途に用い続けてきたことで、職業的かつどちらかといえば閉鎖的な工芸や商いの社会の中で、経験を積んだ熟練の職人からその徒弟たちへと、組み立て、木工、彫刻といった技術が伝承されることによって、建築的伝統の目覚ましい発展が促進されることとなりました。

　ミャンマーとカンボジアにおけるこのような建築的伝統の発展は非常に明確な地域的特色となって現れており、土地ごとのアイデンティティが確認できる一方で、継手・仕口などを用いて木造の軸組を建てるということは、双方の地で共有され、一つの繰り返される伝統となっていました。とはいえ、宮殿を以前にもまして大規模に建て替えることを頻繁に命じる王家の伝統があり、またおそらくミャンマー北部ではチークの大材がより豊富に供給されたこともあって、このような伝統的な継手・仕口を使った建築技術はミャンマーにおいてより独創的な形で用いられていました。特筆すべきは、このような独創的方法がもたらした構造的革新の結果、より頑丈で背の高い木造軸組の建設が可能となったことです。

　カンボジアとミャンマー中部およびシャン州において実施してきた広範な現地調査と文献研究、記録や保存の作業に基づいて、この発表では、当該地域全体で確認された近代後期から植民地時代にかけての木造建築のケーススタディー、それらの建設を可能にした組み立てや木工技術の数々、さらにはこのような技術の発展がいかに建築形態の展開に寄与してきたのかという命題を取り上げることとします。

　時代とともに発展を遂げてきた木造建築の伝統を調べるには、これらの伝統に関連する知識と実践を伝えてきた担い手と、知識の伝達のためにこれらの担い手によって用いられてきた文献資料の調査も必要となります。

　この節では、東南アジアの建設者たちが建物を構想するやり方、すなわち、知識の伝達、基礎、構造、屋根のそれぞれに対応した4項目に沿って進めたいと思います。

建築的伝統に関する知識の伝達と発展

　一般住宅、僧院、および宮廷の建造物に関連する建築的伝統のさまざまな発展について検討する前に、それらをより大きな文脈に置き、このような伝統の伝達と発展を可能にした担い手と知識の源について考えることが重要です。担い手に関しては、木造建築の建設

表1　ミャンマーおよびカンボジアにおける木造建築の建設に関連する担い手

日本語	英語	クメール語	ミャンマー語	役割
賢者	Wise man	chassrok	pinya-shi	経験豊富で良き助言を与える
大工	Carpenter	cheangpteah	lek-thama	木材を選別し建設を監督する
彫工	Carver/Sculptor	cheangchâmlak	papusaya	仏教図像に想を得た装飾を彫刻する
画工	Painter	cheangkumnur	padji-saya	僧院に宗教画を描く
祭司	Master of ceremony	achar	ahkan-ahna-say	儀式の指揮を執る
僧侶	Monk	loksâng	pon-gyi	建築段階毎に必要な祭礼を執り行う
占い師	Fortune-teller	hora	bedin-saya	施主の将来を占う

に必要な専門分野を持つ女性と男性について考察しました。情報源については、何世紀もかけて得られた、木造建築の建設に関連する知識の累積の証である文献資料を、規範類と記録類の別を問わず、考察の対象としました。

担い手については、カンボジアとミャンマーの両地域において、建設に関連する知識の伝達はさまざまな背景をもつ専門家たちの手によって可能となりました。

表1は各技能を単純化して示していますが、実際には、木造建築の過程に技術的に関与する人物は、時に、上述の技能のうち二つまたはそれ以上を習得している場合もありました。ただし、複数技能の組み合わせにおいては、戒律の規定によって限定された特定の職務をもち、祭礼・祈祷を行うことだけができる受戒僧は例外でした。

仏典と仏教教義の普及という役割とは別に、カンボジアでもミャンマーでも僧院は、伝統的に、特に農村地域において、工芸技術の一般信徒たちへの職業訓練の場であり、技術の伝達過程における一般信徒の役割の卓越性を示しています。場合によっては、「宮廷建築」の項に後述するように、訓練生の才能が非常

に有名になり、更なる訓練のために王室の本拠地である王都に送られたり、呼ばれたり、あるいは自らの意志で赴いたりすることもありました。そこにおいて、職人としての技能を向上させ、才能を発揮するために最も名誉ある場所は王宮であり、宮廷の必要に応えるための工房が職人の業種ごとに設けられていました。

僧院と宮殿の双方を建設する伝統によって、時間をかけて知識を蓄積することが可能になり、木工技術の範囲の拡大が可能となりました。今のところカンボジアの王宮建築の伝統に関する研究は行われていないため、以下に指摘する事項はミャンマーに関するものです。木造建築、とりわけ宮廷におけるそれは、「世襲宮廷建設者」註1ミャンマー語でasin ahset nandaw lop-lek-thama と呼ばれる特定の職人集団が担っていました。そして彼らはさまざまな職人、下位の大工や彫刻家などによって支えられていました。頻繁に行われる王室僧院の建設と、新しい統治者が王位に就くたび（特に最後の王朝期において）に行われた王宮の建設によって、僧院や宮殿の建造物に関する技術的知識はかなり累積され、時には職人

図1　19世紀中頃のアマラプラ王宮

が革新的になることを可能にしました（本項の最後でこの件に触れています）。

19世紀初期の記録では「世襲宮廷建設者」の存在が証明されるものの、この特定集団の祖先がどれほど時代をさかのぼることができるかどうかは未だ不明です。19世紀半ばには、この職人集団は宮殿の建設に携わり、その中でも最も有能で知識豊かな棟梁たちが宮殿の設計と建設を担当し、画工や彫工といったその他の職人集団は建設の後の段階に関与していました。

これらの各工程の監督は、棟梁の、あるいは王からこの仕事を任命された大工や大臣たちの役割でした。これらの職人集団は王城の煉瓦城壁のすぐ外側の近隣に住んでおり、土地は王によって割り当てられていました[注2]。こうして何世代にもわたって家族内で建築技術の伝達が行われてきました。したがって、王宮に最も名声高い職人が集まったのは不思議ではありません。そうはいっても、新たな王宮の建設には必ずしも王都の近辺で賄いきれないほど大量の労働力が必要でした。この場合、国中のさまざまな場所から大工職人がやってきて建設作業に貢献しました。彼らは報酬として kan-djwe lek-thama の称号を与えられると同時に、王宮の建設に携わることは彼らにとって一世一代の機会でもありました。歴史家のトー・ラー（Toe Hla）は、Shwenandawti shwenandawthein sadan と題されたヤシの葉に記された史料を引用して、1720年のタニンガンウェ（Daneganwe）王によるインワでの新宮の建設には、650人以上の大工、彫工、金工、および労働者の参画を要し、タウングー（Taungoo）、モッタマ（Mottama）、シリアム（Syriam）、ハンタワディ（Hanthawaddi）といった国内各地からやってきた、と述べています[注3]。出身地（タウングーを除いていずれも下ビルマに位置する）からすると、彼らのほとんどは民族的にはモン族であったに違いないと推測でき、おそらくモン族の職人たちが確固たる職人技術を持つことで知られていたことを反映していると考えられます。その63年後、バドン（Badon）王がアマラプラ（Amarapura）王宮を創建したときの報告には、大工や芸術家の出身地に関する言及は何も残されていません。しかし、これらの記録は、総計500人の大工と職人が建設に参画したと述べています。建物ごとに、

一人の棟梁と労働力とが割り当てられていました。驚くことではありませんが、他の建物では通常40人以下の人工が割り当てられていたのに対して、宮殿の尖塔、大ピェッター（pyathat）には最大の労働力が要求され、50人工が割り当てられていました（**図1**）。

非常に多くの労働者が王宮の建設に携わったことで、これらの事業は、伝達過程における口伝を強化することを通じて王宮の伝統と建設技術に関する知識を維持するのに役立ったことは間違いありません。これは、王宮建築に関する語彙分野で使われる用語や表現が永続的である理由の一端を説明しています。二つの広範な語彙分野が定義できます。

一つは「技術的用法」によって定義される語彙群で、専門家の間で伝えられてきた古来の建築的伝統にまつわる用語です。このグループの用語の一部は、モン語、ビルマ語、そしておそらくピュー語から来ており、パーリ語とサンスクリット語に由来する単語も多いです。これらは一般に木造建築における特定の特徴や機能を備えた建築要素を指し示し、王宮内で特定用途のために区画された空間、あるいは装飾要素を示していました。チャンズィッター（Kyanzittha）王宮の建設について記録した12世紀初期の碑文で言及されているいくつかの建築用語は、19世紀半ばにマンダレーのミンドン（Mindon）王宮で依然として用いられていました。

もう一つの語彙群は、仏教の経典や宇宙観から引用された出典に依拠する「象徴的用法」によって定義づけられます。この領域の用語は、サンスクリット語かパーリ語、またはその両方から直接派生していて、ミャンマー語には殆ど変化しませんでした。ただし、最初の群に属する「技術的」性質の用語ほどは顕著に使用の永続性を示しません。例えば、16世紀中頃に建てられたバインナウン（Bayin-naung）王の宮殿の呼称として、仏教の宇宙観

から取られた天界の住居にちなんだ語（「ツシタ」と「ツヤマ」'Tusita' and 'Tuyama'）が用いられました[註4]。これら二つの仏教に由来する語を用いることは、王が自らの宮殿を俗世間よりも文字通り高めようとする試みだったに違いありません。やがて、王宮の主殿は忉利天タヴァティムサ（Tavatimsa）にある帝釈天／タジャミンの宮殿である「ヴァイジャヤンタ（Vejjayanta）」と名付けられることになりますが、バインナウン王が神の王タジャミンに自らをなぞらえたとしても驚くには当たりません[註5]。このように天界の住居と王宮との連想はミャンマーの歴史上においては珍しくなく、主に宮廷の高官が王の寵愛を求めてミャンマーの統治者に贈った賛辞のうちに見出だせます。しかし、少なくともコンバウン王朝では、また、おそらくそれよりも早い時期でも、王宮の建物がこれらの天界の住居にちなんで命名されることはなくなりました。この点で、バインナウン王宮の事例は明らかに際立っています。仏教と宇宙観に基づく参照の「象徴的な用法」は時代とともに変化し、歴代のビルマ王を通じて体系的なものではありませんでした。コンバウン時代後期（19世紀半ばから1885年のイギリスによる上ビルマ併合まで）には、継続的に使われたゼータウン（zetawun）という語を除いて、このような仏教的参照のすべてが多かれ少なかれ消滅しました[註6]。

それでは、口頭伝達が知識の獲得と伝達のための主たる手段であったとして、建物と建築関連の事項を扱った書面による情報源の比重はどの程度だったのでしょうか。ミャンマーにおける都市や宮殿の建築技術は、インドにおけるのと同様、何世紀にもわたって難解な知識の領域にとどまり、職人やブラフマンの限られた集団だけに限定して伝達されてきたため、現存する資料が乏しいのはもともとの情報源が非常に限られていたことの反映であ

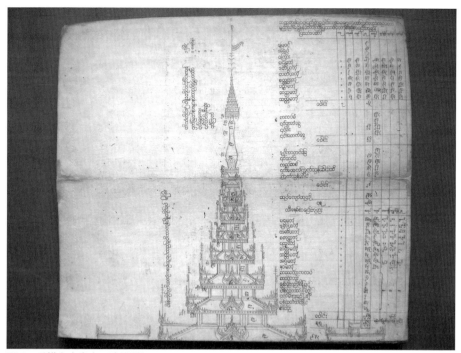

図2　手描き文書中の建築詳細

る可能性が高いです。数こそ少ないものの、現存するミャンマー語の建築計画や建築の伝統に関する情報源は、二つに分類できます。

一つ目は、叙事詩と写本の両方に現れる王宮建設に関する歴史的記述です。叙事詩の資料には、バガンのチャンズィッター王の王宮の建設について述べた12世紀初頭の石碑文、およびインワ王宮建設の儀式について詳述した16世紀初頭の碑文が含まれます。写本は主に、新しい都であるミョーティナンティ・サダン（Myotinanti Sadan）の創建を記録した、数葉のヤシの葉に書かれた文章からなります。

二つ目は、宮廷建築の規範的な説明書にあたるものです。これらの文献には、宮廷建築に関する概説や論文が含まれており、18世紀後半の王室の設えと建築に関する概説であるシュエボンニドン（Shwe bon nidun）が最も有名です。規範的記述の他例としては、パラバイッ（parabaik）に書かれた論文があげられます。それらは建築の伝統に関して歴史的記述とは異なる視点を提供しており、古代インドやミャンマー初期の時代を参照しながら、神話と歴史時代とにまたがる宮廷建築の解釈を提示することを目指しています。

これらすべての点は、ミャンマーにおいては、大工仕事や建設技術に関連する知識の伝達と実践にかなり安定した継続性があり、すべての継続性は王宮と都市の建設中に踏まれた手順を記録することによって維持されてきたことを示しています。このような手順の記録は、書面だけでなく、図面や描画によっても行われました。図解されたパラバイッ文書に描かれた宮廷建築の図面を調べると、棟梁や製図工たちが測量や木部材の寸法および、それら部材相互の間隔といった問題に十分な注意を向けていたことがわかります[注7]。王宮を崇高なものにするためには複雑な計算がなされなければなりませんでした。1858年のマンダレー王宮の建設では、ミンドン王の棟梁とブラフマンたちは、使用する木材、特に梁と垂木の寸法を王の星占いに基づいて計算する責任を課されていました。これらの計算は、ミンドン王の前任者の王宮建設においても同様に行われていました。それらは何よりも、ブラフマンが王に対する影響力を誇示するために用いた政治的方策の一つでした。

パガン・ウ・ティン（Pagan U Tin）は、併合前のミャンマー王政に関する記述の中で、「選ばれた寸法の力に従って作られた計画は、宮殿の運命とその主である男女の才覚にとっ

図3　カンボジア民家の礎石　　図4　モハ・レアプ寺院の柱（カンボジア・コンポンチャム州）

ての支配的影響となりうる」と説明しています[註8]。特に、木造建築の長さと幅に関連する占星術のナクシャトラ（nakshatra）における数の計算は、非常に重要なものと考えられていました。歴史書が宮廷建築群におけるあらゆる構造物で使用されている木材の寸法について長々と詳述するのはこのためです。

パガン・ウ・ティンは、梁と垂木の最も縁起の良い寸法値を計算する二つの方法について簡単に言及しています[註9]。これらの計算はおそらく、例えば、19世紀中頃のコンバウン王朝において、ある支配者の宮殿から次の代への代替わりに際して玉座のある宮殿の比例が変更された理由を説明するものでもあります。現存するパラバイッ文書を調べたところ、マンダレー王宮の玉座殿は、アマラプラ王宮のものとほぼ同じでしたが、占星術に基づいた計算によって、建物の比率は異なっていました。

図解付きのパラバイッ文書には、建物、配置、建築形態に関連する寸法値についての包括的な情報が記されており、最終的に木造構造物に取り付けられる彫刻の精巧な装飾図面が付されることもあります（図2）。しかし、記述は短く、木構造の継手など、王室の建物に関する技術的および構造的な詳細を何ら提供してくれません。これらの最終的な詳細は、文書化されることなく、口伝と実践を通じて世代から世代へと受け継がれていったのです。

上述の点は、ミャンマーにおいて建築的伝統が伝えられ、発展してきた一般的文脈を示しています。すでに見てきたように、時には政治的および環境的に好ましい要因と組み合わせながら、これらの建築的伝統の伝達は、少なくとも木造の宮廷建築に関しては、宮廷に召し抱えられた職人と棟梁という特定集団の存在を通じて、ミャンマーでは制度化されてきました。このような文脈から、木造建築技術と建築形態の相対的な恒久性と発展経緯が説明できました。

しかし、カンボジアの場合、この恒久性は、この報告の後半で見るように、宮廷建築にまでは及ぶことなく、一般住宅と僧院建築のみに関係していました。木造建築のための建築的伝統の伝達の問題を簡単に扱ったのに続いて、ここからは、これらの伝統についての詳細な検討と、特にそれらが木造建造物の基礎、構造、屋根という三つの主たる構成要素のそれぞれにどのように適用されているのかを見て行くこととします。

基礎

カンボジアとミャンマーの木造建築の基礎の問題を研究するには、人類学的なものから宗教的および技術的なものまで、幅広い問題を検討する必要があります。この報告では人

図5　ミャンマー・ザガインの木造建物に用いられた掘立柱

類学的および宗教的問題に関しては考察しないものの、木造建築の基礎の伝統が発展してきた文化的背景に関するいくつかの重要な点に簡単に触れておきたいと思います。

カンボジアでもミャンマーでも、樹木には精霊が宿ると信じられており、木造建築に活力を吹き込む内的エネルギーに恵まれた生命体と考えられています。建設用途には、節のない真っ直ぐな木だけを選び、伐採して建設現場へと運び、そして柱にします。柱は、その木が育ってきたのと同じ向きに据えなければならず（つまり、木材の基部が樹木の根元に対応することで、その建物は樹木に象徴される活力の恩恵を受けることができます）、文字通り、地中に据えられます。柱を掘立てとする伝統は、もともとカンボジアにもミャンマーにも存在し、古写真などにも記録されていましたが、カンボジアの住宅建設においては20世紀半ばまでに消滅したようです。

アンリ・パルマンティエは、1935年にクメールの伝統建築について著した中で、カンボジアでは住宅に掘立柱を用いることが依然として広く行われていると記しています[註10]。しかし、2003年から2004年にかけてカンボジアの三つの州で実施した木造構造物に関する建築学的調査では、掘立柱を有する住宅はまったく見つかりませんでした。調査したすべての住宅は、図3のように礎石立ちで柱が建てられていました。このような掘立式から礎石式への変化は1940年代から1950年代にかけて生じたと考えられています。

しかし、このような変化があっても、伝統の象徴性までを変えてしまうことはありませんでした。建築方法が変化した背景にはさまざまな要因があると思われます。蟻害の防止、雨による腐朽の防止、家主が不動産の移転あるいは売却を決断した場合に家を簡単に解体できることなどです。

カンボジアの木造の僧院建築については、まったく異なる状況が見られました。調査で明らかになったのは、礼拝堂には組積造の基壇が存在し、柱が屋根と小屋組を支えるという形態です。とはいえ、これを、礼拝堂の柱が組積造基壇の上に載っていることを意味すると直ちに解釈すべきではありません。十分な調査ができなかったため、今回は確認できていないものの、パルマンティエは1935年の著作において、礼拝堂にある柱はすべて掘立柱で、組積造の基壇が柱の周りに造られると述べています（図4）[註11]。

ミャンマーに関しては、住宅や礼拝堂の古い写真記録のほか、マンダレーにおける保存修復作業からも、掘立柱が広く普及していたことがわかります（図5）。これはチークとピンカドが広く入手できたミャンマー中部についていえることです。しかし、建設用にチーク材を持ってくるのが困難な場所や遠隔地では、別の樹種の小径材を利用して礼拝堂を建

てることとなり、北部シャン州のプンロン
(Punglong) 村の僧院に見られるように、礎
石の上に柱を建てるようになります。

ミャンマーでは（遠隔地を除いて）掘立て
が最も一般的な木造の構法であり続けてきま
したが、カンボジアでは 1940 年代から 1950
年代にかけて住宅建築でこの構法が最終的に
放棄され、礎石立ちで建てる方法に取って代
わりました。

最後に、記しておかねばならない重要なこ
ととして、木造建築を建てるにあたっては、
掘立てであれ、礎石立ちであれ、大工の棟梁
とこれからそこに住むことになる住人（平民、
聖職者、王家の別を問わず、いかなる地位で
あっても）は、地下世界の統治者と超自然的
な存在への敬意を払う儀礼を行わなければな
りませんでした。この儀礼の究極的な目標は、
新しい構造物がこれらの超自然的存在に受け
入れられ、将来の居住者に繁栄をもたらすこ
とを保証することにありました。

構造

木造建築の基礎が、その地上における配置
とあり方が将来の建築空間の吉兆を定めるも
のと見なされた一方で、特定の樹種や、木組み、
および木工技術の使用は、でき上がる構造物
がずっと住み続けることのできる空間となる
ために必要な頑強さを実現するために不可欠
でした。

ここでは、木造建築が設計された最終的用
途、一般住宅か、僧院か、あるいは王宮か、
それらの用途に基づいた構造という論点につ
いて検証します。

一般住宅建築

カンボジアとミャンマーにおける木造の一
般住宅建築の発展は、社会的、民族的、およ
び人類学的な考察によって補強されます。両
国では、社会的地位、民族性、移住および定
住パターンが、ある特定の建築形態が採用さ
れるに至る主な決定要因になります。もう一
つの大きな決定要因は、資源としての木材の
入手可能性でした。

カンボジアの住宅では、構造全体における
木材の役割に応じてさまざまな樹種が用い
られてきました。カンボジアの三州で実施
した調査では、柱材として最も一般的に選
ばれるのはカカー（kâkâh, 学名：Sindora
cochinchinensis）でした。柱材用でこれに次
ぐのは、バッタンバンではトバエン（tbaeng,
学名：Dipterocarpus obtusifolius）、コンポ
ンチャムではソクラム（sokrâm, 学名：Xilia
dolabriformis）でした。スララオ（Sralao, 学
名：Lagerstroemia ovalifolia）がコンポンチャ
ム州で広く木工に用いられるのに対して、バッ
タンバンでは屋根、床、壁はすべてプチョー
ク（phcoek, 学名：Shoreaobtusa）、カカー、
クバオ（khvao, 学名：Adina cordilia）で
作られていました。ミャンマーでは、チー
クとパドウ（padauk, 学 名：Pterocarpus
macrocarpus）やティンガン（thingan, 学名：
Hopea odorata）といった樹種はあまりに貴
重なため、一般建築や住宅建築には用いられ
ません。住宅の構造とその軸部には、イン（in,
学名：Dipterocarpus tuberculatus）、ピンカ
ド（pyinkado, 学 名：Xilia dolabriformis）、
カンイン（kanyin, 学名：Dipterocarpus）が
好まれる樹種でした。

最後に、カンボジアでもミャンマーでも、
伝統的な家屋は軸組構法で、継手・仕口があ
ります。これら二つの建築技術がもつ柔軟性
こそが、非常に特徴的な建築形状、屋根形状

の出現を可能にしました。さらに、建設者は
それによって、異なる用途に応じた、様々な
レベルで象徴的に内包された多様な空間を創
造することができました。この柔軟性のおか
げで、高床の上を居住空間とし、その下に物
置き場や家畜用に使われる空きスペースが生
み出されることとなりました。ただし、これ
らすべての際立った特徴について発表するの
は、また別の機会としたいと思います。

僧院建築

　カンボジアでもミャンマーでも社会におい
て上座部仏教が重要な役割を果たしており、
僧院建築が両国ともに遍在しているのは何ら
不思議なことではありません。とはいえ、そ
の様相は非常に異なっています。最も基本的
な相違の一つは、僧院建築の建設に用いられ
る樹種の選択肢です。2003 年から 2004 年に
かけてカンボジアで実施した調査では、僧院
建造物に主に使用される木材は、クメール語
でコキー（kòkir, 学名：Hopea odorata）と
呼ばれる木材であることがわかりました。コ
キーは貴重な木材とみなされ、僧院建物にの
み使用が許されていました。遺棄された礼拝
堂を取り壊さなければならない場合、そのコ
キーの柱は別の（世俗的な用途の建物ではな
く）僧院建築にだけ再利用することができま
す。これとは対照的にミャンマーでは、チュ
ンと呼ばれるチーク（kyun, 学名：Tectona
grandis）またはパドウが、何世紀にもわたっ
て僧院建築を建てるのに好ましい材種とされ
てきました。（後世に導入されたカンボジアと
は対照的に）ミャンマーでは、チークは起伏
のある地形で自然に成長します。ウィキペディ
アによるとミャンマーのチーク林は、世界で
自生するチークの半分近くを占めています。
チークの樹高は 40 m、胴回りは 8 m にも達す

るのに対して、コキーの樹高は平均で 45 m、
胴回りは 4.5 m に達します。
　ミャンマーではチークが豊富にあったこと
に加えて、チーク林がイラワディ川とチンド
ウィン川上流域に位置していて両川下流のど
こでも好きな場所まで丸太を容易に流すこと
ができたため、新築を手がける建設者にとっ
てチークは常に手の届く存在でした。
　カンボジアとミャンマーの僧院建築の違い
を詳細に検討する前に、両国の僧院建築の発
展に関連するいくつかの重要な点に言及しな
ければなりません。第一に、両国に共有され
ていた上座部仏教の伝統には、信徒や僧侶の
共同体が仏を崇拝するために建てなければな
らない建物として何ら特定の形式も強調して
こなかったという点です。
　これらの伝承された書物では、僧が従うべ
き厳格な仏法が説かれており、後に仏教の解
説書の中で、際立った物理的特徴のある環境
に僧院建築を立地させることの重要性が強調
されているものの、規律の遵守が実践される
べき場の建築形態や物理的環境という問題や、
これらの建物を建設する方法については、常
に解釈に任されてきました。したがって、上
座部仏教諸国全体に普及した僧院建築の厳密
なモデルは存在せず、あらゆる上座部仏教国
では建築者や僧団指導者たちが、地域特有の
特徴に沿って独自の伝統を発展させることが
可能でした。
　カンボジアの場合、大工棟梁のレン・ソー
ン（Ieng Soueng）が作成した教本が僧院の建
設について詳述したのは、ようやく 1954 年に
なってのことでした。後に 1971 年に美術史
家のマドレーヌ・ジトー（Madeleine Giteau）
がフランス語に翻訳したこの教本は、建設技
術書としてでなく、単に棟梁の知識の回想録
として捉えるべきものです[註12]。
　第二に、僧院建築の特徴は両国の間でかな
り異なるといっても、カンボジアとミャンマー

 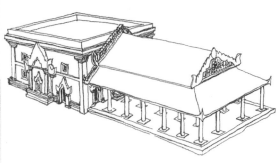

図6 ピエール・ピシャールによる写真と復元図

図7 ノコール寺院, カンボジア・コンポンチャム州

における仏教の礼拝堂の歴史的発展について俯瞰してみれば、仏像が安置される東向きの祠堂と僧侶と一般信者が集う木造の集会堂からなる、これらの堂の空間的配置には共通性を見いだすことができます。

この共通性は、ミャンマー史の早い段階において、仏像が安置された煉瓦造の祠堂のファサードに残された木造切妻屋根の痕跡が証明しています。木造の堂の範囲は、石造の基壇と柱を載せた礎石の存在によっても確認できます（**図6**）[註13]。

このような空間的配置の共通性は何世紀にもわたって見られ、今日のカンボジアでも見られます。コンポンチャム州では、ノコール寺院の礼拝堂が、閉じられた塔堂であるプラサート（prasat）とそれに隣接する木造建築からなる同様の組み合わせになっています（木造建築の部分は既に取り壊されたが、コンクリート造で再建されています）（**図7**）。

最後に、既に一般住宅建築で言及したのと同様に、軸組構法と継手・仕口による建築技術も、カンボジアとミャンマーのどちらでも、僧院建築に最も一般的に使用される工法であり続けてきました。ただし、ミャンマーの棟梁達は、カンボジアよりもこれらの工法をより創造的に用いてきたことを強調しておきたいと思います。この状況は、王室や宮廷官吏たちが寄進した壮大な僧院が建設されたことによっても説明できます。

バガンの煉瓦造の僧院とカンボジアの砂岩

図8 ダムレイ・ソー寺院 地面に直接建つ僧院の例（カンボジア・バッタンバン州）

図9 ナッタウン僧院 高床式僧院の例（ミャンマー・バガン、ニャウンウー）

造のプラサートでは建築形態こそ異なるものの、両建築ともに、一般信者の崇拝のために仏像を安置する壁龕を東側に配置するという特徴があります。そしてこの仏像の更に東側に木造の堂が延びているのを、カンボジアにもミャンマーにも見ることができます。この木造建築は、仏への崇拝を求める信者の共同体が限りなく世に増え続けても対応できるという上座部仏教の教義の証です。

　カンボジアとミャンマーの僧院建築は、仏像を安置する高められた祠堂とその東に置かれた信者が集まる礼拝堂という、千年紀の初め頃から発達してきた空間的祖型に基づいて発展してきました。しかし、このような空間配置の共通した伝統を超えて、僧院建築に関する教義的基盤が存在しない中、カンボジアとミャンマーの僧院が各々独自の建築的伝統を発展させていった様子をこれから検討していきましょう。

　カンボジアとミャンマーの僧院の違いは、機能的な違いから構造的な違いまで幅広くあります。この場で、このような違いについて長々と述べるつもりはありません。ここでは構造的な相違に重点を置いて、一つの大きな機能的な相違について言及しておく必要があります。カンボジアの僧院のヴィハーラ (vihara) と呼ばれる中心建物は、礼拝堂であり叙階堂でもありますが、ミャンマーではこれら二つの機能は独立した別々の建物に配置されています。

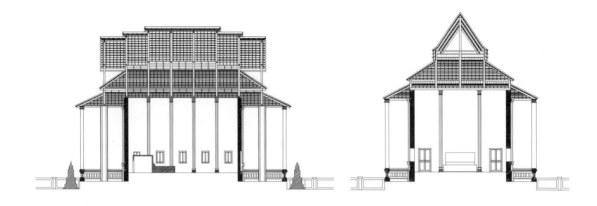

図10　コー寺院（カンボジア・バッタンバン州）

　構造面における、カンボジアとミャンマーの僧院の大きな相違は、カンボジアの僧院は地面にそのまま建てられているのに対して、ミャンマーの僧院は地面から棟まで通じる掘立柱が支持する高床式としていることです（図8、図9）。

　カンボジアの三州で2003年から2004年にかけて実施した礼拝堂に関する調査では、空間構成は三州を通じて同一でありつつも、地域的特徴が顕著であることがわかりました。調査したすべての礼拝堂で共通した空間構成は、クメール語でクルッ（krüh）と呼ばれる中央の高い身廊を、段々に低くなる一重または二重の廊下、クメール語でロビエン（ròbieng）が両脇からバットレス状に支える、という構成です。しかし、礼拝堂をよく見ると、中央の身廊の高さ、礼拝堂の壁に使用されている建築材料の性質、閉じた建物の周りを囲む吹き放ち回廊、クメール語でバィン・サイッ（baing sach）の有無、といった点において、州ごとに大きな違いが見られました。

　20世紀初頭までカンボジア北西部とバッタンバン地方を支配した隣国タイに建つ礼拝堂との共通性を示すものとして、この地域で調査した礼拝堂はほとんどの場合、非常に高い身廊、煉瓦壁、礼拝堂をとりまく吹き放ち回廊によって特徴づけられます。

　バッタンバン州の礼拝堂は背の高いものが多いですが、これはカルダモン山地の森林が近くにあって、そこからサンケ川に沿ってバッ

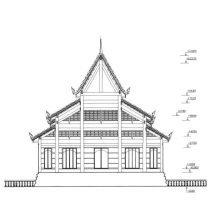

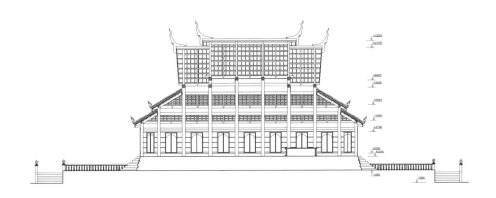
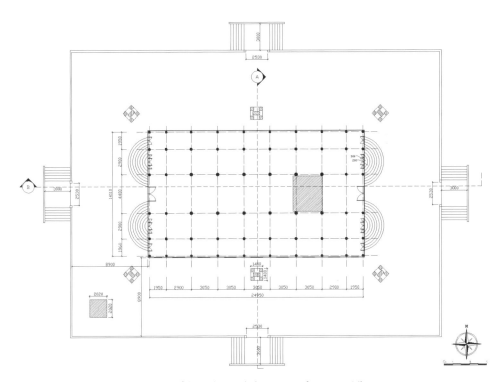

図11　モハ・レアプ寺院（カンボジア・コンポンチャム州）

タンバンまで直接木材を流し下ることができたためであるでしょう（**図10**）。対照的に、コンポンチャム州とクラチエ州で調査した礼拝堂の大半は低平で、屋根棟の低さが特徴的でした。また、バッタンバン州に所在の堂のような吹き放ち回廊を備えた例もみられませんでした（**図11**）。

このように、地域差が確かに存在し、それは外的影響、在地の技術、木材資源への近接といった要素の組み合わせによって説明できます。

ミャンマーでは、僧院建築は二つの主要な系統に沿って発展を遂げ、最終的にはここで提示する二つの異なるタイプの僧院に区別することができます。（1）王室または高位の寄進者が寄進してできた僧院と、（2）地元の信者からの寄付に応じて徐々に発展してできた僧院です。

カンボジアでは、王室が支援する僧院とそれ以外の僧院との区別は確かに存在するものの、私たちが知る限り、二つの異なる建築様式といった形での差異は認められず、王室が支える僧院の場合だけ屋根の際立った場所に配される特有の装飾的特徴にのみ表れています。

しかし、ミャンマーでは、王室が寄進して建立された僧院の場合、全体的な建築形態、構造、装飾に差異が具現化されています。これらの僧院は高位のパトロンによって寄進されたため、建築計画は専門の棟梁によって決定されました。

こうした専門の棟梁は僧院の複合施設全体を設計するために王室のパトロンによって委任されます。そうすることで、彼らは財政的にも技術的にも制約から解放されていました。

確かに、信者たちの集合的な努力によって建設された他の僧院とは異なり、王室から寄進された僧院の建設においては、おそらくいかなる種類の制限にも直面することはなかったでしょう。

これらの僧院の建築計画では、建物群を空間的に連続させることで東西軸に沿って僧院が発展していくことが意図されていました。多くの場合、これらの王室に後援された僧院は、ミャンマー語でピャッターと呼ばれる多重屋根構造の仏像を安置する建物に特徴づけられます。この屋根構造については、後で詳しく触れることとします。

これとは対照的に、王室の支援を受けず、村のコミュニティを動員することで建設された僧院、あるいは裕福なパトロンからの寄付を受けて始まった僧院は、何かの建築計画に基づくのではなく、単に逐次発達していくものでした。

時間をかけて、村や周辺地域の寄進者たちからの宗教的浄財が集まるのに従って、漸進的な発展として、既存の建物に隣接する形で増築が重ねられていきました。僧院に居住する僧長および寄進者の合意のもと、大工は、土地、宗教上の配慮や予算といった事項を考慮しつつ、これらに新しい増築部分を加えていったのです。王室が後援する僧院で広く採用されている直線的構成とは反対に、仏壇のある堂が中心にとどまる、という点以外、有機的に発展する僧院には特定の空間構成というものは存在しませんでした。

ミャンマー中部全域で行った現地調査からは、確固たる証拠は示せないものの、上記の後者のタイプの僧院がミャンマー全体でも圧倒的に頻繁にみられる形式の僧院であるとい

えそうです。対照的に、第二次世界大戦時の爆撃により被災した、ミャンマーの旧王都であるマンダレー地方では、王室が後援した僧院はわずかしか残っていません。インワのバガヤ僧院やモン州モーラミャインの僧院がその代表例です。

ミャンマーのシャン州北部に位置するプンロン（Punglong）村の僧院で漸進的に発展した僧院の事例研究を行いました。2016年から2018年にかけて実施した現地調査により、さまざまな寄進者によって順次建て増されていった建物群の変遷年表を作成することができました。

村で最初の木造僧院建築である仏堂は1933年3月に完成したことが、仏堂の近くに置かれた木彫に祠堂の主要な柱が建てられた日付がミャンマー語で記されていたことによって証明されました。

シャン語を話す地域にある村のコミュニティのためにミャンマー人の大工によって建てられた僧院は、パラウン（Palaung）族の僧長が監督していました。中心堂に隣接する建物群が建てられたおおよその日付と、これらの隣接建物の建設に寄進したパトロンの名前も、村人への聞き取り調査によって特定することができています。

これらの情報をすべて収集することにより、現在のミャンマー国内のほとんどの木造僧院建築がどのように発展してきたのかを、王室の後援でできた僧院や、空間的にはもっとコンパクトなカンボジアの僧院と対比しながら、より明確に理解することができるようになりました。

宮廷建築

カンボジア、ミャンマー両国における木造建築の構造を検討するにあたっては、宮廷建築に関する考察も不可欠です。一般住宅建築や僧院建築と同様に、宮廷の建物や王室の住居も木造でした。ラテライトや砂岩、あるいは煉瓦で造られ、仏教徒たちから永続性を託されていた宗教的建造物とは対照的に、宮廷建築のほとんどは特定の支配者のため、すなわち短い期間のために造られる建築でした。

これらの王室の建物は腐朽しやすい素材で造られていたため、現在はすべて失われてしまいましたが、少なくともカンボジアに関しては、13世紀初期の浅浮彫が、王室用住居の建築形態に関する若干の手がかりを与えてくれます。

宮殿はアンコール大都市の一等地に配されてはいたものの、組積造の基壇上に建てられた平屋の木造建築群だけで構成されていたようです。その後、13世紀末にアンコールに派遣された中国人使者の周達観は、廊下と通路で繋がれた瓦葺の木造建築の大規模な建築複合体である、と大仰な言葉で宮殿を描写しています。アンコール衰退後、カンボジア史の中世においては首都がカンボジア南部に移動し、プノンペン、ロンベック、ウドンへと遷ったのち、19世紀に再びプノンペンに戻りました。

しかし、最後の権力の座を除けば、中世の王宮について、それぞれの宮殿がどのようなものだったのかを研究者が窺い知ることができるような記録は一切現存していません。ともあれ、僧院建築の場合と同様、カンボジアの宮廷建築も、開放的な木造の建物から、プ

ノンペンの王宮に見られるような、煉瓦壁で囲まれ多層屋根で装飾された建物へと移行していったのでしょう。その規模と壮大さだけが、これらの宮廷建築を礼拝堂と異なるものにしていました。

ミャンマーでもまた、宮廷建築に関する言及は18世紀半ばまで殆どみられません。これ以前には、最初に述べた通り、さまざまな支配者の統治下での王宮の建設に関する記事がごくわずかな数の石碑文にみられるのみです。しかし、これらの情報源のいずれも、研究者が王宮の形状、構造、あるいは空間構成を正しく想像するに足るものではありません。

幸いなことに、18世紀半ば以降になると、宮廷建築についての詳細情報を含む文字および視覚的な情報源がもっと多くなります。参考情報の増加は、ミャンマーの統治者が前任者たちの栄光を凌駕してより壮大な王宮を建てたいという願望に下支えされたものです。このような史料の一つが、王の居住区域にあるすべての建物の詳細を広範に記載した18世紀後半の文書シュエボンニドンです。

王室の複合建築群の中で、規模、高さ、そして構造の複雑さの点においても最も抜きんでた建築要素となったのが多層屋根ピャッターで、その下に最重要の王座が置かれました。18世紀後半以後、ミャンマーの支配者達が建てた歴代の宮殿は建築群の東端にピャッターを配するようになるとともに、建築群そのものは東西軸に沿って展開し、とりわけ女性たちの宮廷が置かれた西側の区域においては一層多数の建物によって特徴づけられるようになりました。

建築群の中心には、王の私的な居室が位置していました。最後の王朝期に建てられた王室の建築の平面図や立面図が描かれたパラバイッ文書は、王宮がどのように空間的に配置されていたのかについての信頼できる証拠です。それでもなお、これらの情報源は、木造の建築部材がどのように組み立てられたのかについての詳細を欠いており、いずれの平面図や立面図も、英国併合時代前のいかなる時点で使用されていた大工仕事や軸組工法についても十分理解するのに役立つような技術的詳細をまったく示していません。そのような理解のためには、植民地時代以前の建物を現地調査することだけが、有益な知見を与えてくれるのです。

王宮は、高床の露台によって互いに連結された建物群の集合体として構成されているので、軸組構法と、継手・仕口による工法はこのような複合施設を建設するのに最も適したものと考えられていました。先に述べたように、そのような構法を採用することで、大工棟梁たちはさまざまな高さの建物を建設することができ、最終的には王室内の階級や地位に見合った空間を区別する設計に反映されました。たとえば、1878年にミンドン王が亡くなった宮殿建築は、後にマンダレー王宮の外のアツマシ・パゴダ（Atumashi Pagoda）近傍の現在地に移築されましたが、建物東半では仏像が安置された周囲の中央部分を高床から一段高くし、高欄を巡らせて区分していました。このように建築構造物で明示された空間区分は、囲われた空間を特別な象徴的地位に転ずるのに用いられました。

これまでに見てきたように、宮廷建築や王室が財政支援する僧院の建設過程で大工棟梁が蓄積した知識は、職人の親方から弟子へと伝承され、ミャンマーの統治者がより壮大な

図12　2材からなる大引　シュエ・ナンドー僧院（ミャンマー・マンダレー）

宮廷建築を求める欲求とあいまって、建築形態と加工組立技術の使用が継続される支えとなりました。ただし、この組み合わせは必ずしも技術革新の欠如を意味するものではありませんでした。そのような技術革新の一例を、マンダレー地方やおそらく他のどこの地域にもある重要な木造僧院の多くにおいて見ることができます（この革新的技法はおそらく王宮でも用いられていたと想像されます）。

それは、僧院の根太と床板を支える大引が二材からなるというものです。この分割された大引は、まず二本の柱に主材を貫き通して柱間を定め、その後に、主材の上に副材（特にミャンマー語の用語はないので、ここでは「敷大引」と呼びます）を載せます（**図12**）。そして敷大引が根太を受けることになります。この二分割構造の大引が存在する理由については二つの説が考えられ、あるいはその両方ということもありえます。

第一には、これから大引に加工しようとするチークの丸太材は必ずしも設計した建物の柱間に見合うものとして棟梁が求めていたような成と厚さの比率を持つとは限りません。そこで、敷大引が棟梁の設計に基づいて必要となる柱間の建物に見合うように補完する役割を果たすことができます。

二つ目は、王政の拠点が移動するのに伴って、木造建築は頻繁に解体、移築されるものだったため、主大引はそのままの状態にしておき、敷大引だけを新しい根太に合わせて調整をして新調することは理にかなっています。こうすることで、既存の大引の大半は将来再利用することができ、寸法の小さい敷大引だけを新たに作ればよいことになります。

この二分割された大引は、コンバウン王朝時代（1752〜1885）に建設された多くの木造僧院に見られました。しかし、これ以前の時代の棟梁たちも既にこのような構造を用いていた可能性がかなり高いです。

カンボジアとミャンマーに建てられた木造建築を比較してみると、どちらでも地元の棟梁と大工職人は軸組構法と継手・仕口の技法

を使用していたことがわかります。しかし、建築技術においてはこのように共通の伝統があるにもかかわらず、樹種と建築材料の使用における大きな差異（ミャンマーでは木材のみが使用されているのに対して、カンボジアでは空間を囲い込むために煉瓦が広く使用されます）が建築形態における差異とともに、時代の流れの中で生じてきました。

　先に述べたように、ミャンマーにおいてはチーク材がより入手しやすいこと、王室の拠点と結びついた棟梁や大工職人集団をより多く抱えていたこと、そして王宮や王室寄進による僧院がより頻繁に建てられたことが、より壮大な建築意匠が常に求められた背景にあると考えられます（そして時には、敷大引の例に見られるように、このような意匠の実現を可能にするための技術開発をも牽引することに繋がりました）。これは屋根の意匠についてもいえることで、それについてここからは考えていきます。

屋根

　木造建築にとって屋根は極めて重要な部分です。第一に、両国ともに、一般住宅建築では特定の屋根のデザインや装飾を使用することが、贅沢禁止令によって禁じられていたことにより、それは建物の住人や使用者の社会的地位を明らかにするものでした。

　第二に、少なくとも両国の一般住宅建築とミャンマー北部の僧院に当てはまることとして、屋根の形態意匠は所有者の民族的属性を示すことが非常に多かったです。20世紀前半になって、植民地行政の下で社会的、民族的

な移動が増加したようで、このような目安が適合性を失うこととなりました。

　最後に、屋根にはその建物に住む人々の安全と繁栄を確保することを目的としたいくつかの仕掛けが施されていました。棟梁や大工職人たちは新築にあたって、事前に様々な存在に敬意を払ってその承諾を求めたのと同様に、工事が完成間近になると、あらゆる種類の危険と邪悪な存在を追い払うと考えられていたある種の図形を棟木の上に据えることも重要でした。

一般住宅建築

　前述のように、カンボジアにおける屋根形態の多様性は、その家に住むことになる住人の社会的地位、富、民族性に関する配慮と関連しています。ここで、これらのさまざまな屋根形態について詳述する余裕はありませんが、それらについて一般的にいえる二つの点にのみ言及することとします。

　非常に急勾配の屋根を持つプテア・クマエ（pteah khmaer ／クメールの家の意）は、もっと簡単かつ迅速に建てられる住居を注文したがるようになった人々から次第に捨て去られていき、カンボジアの農村地域では二種の形態の住宅がこれに取って代わることになりました。

　それは、（1）カンボジアに移住してきたジャワ人やマレー系集団によって建てられた住宅の影響を受けたと思われる寄棟造の家であるプテア・ピット（pteah pit）と、（2）長手の2辺に勾配屋根をかけ、これを短手側2辺にも柱列で支える一つないし二つの小屋根

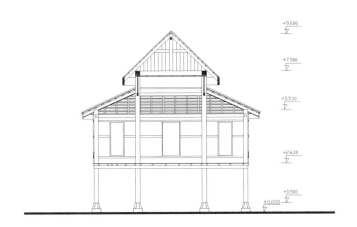

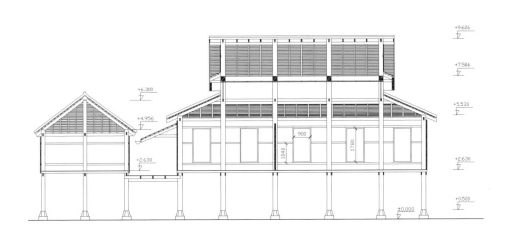

図13 プテア・クンの例(カンボジア・バッタンバン州)

を設けて延長する、プテア・ロン／ロンドル／ロンディン（pteah rong / rong dol / rong doing）です。カンボジア人コミュニティではこれらの変化は19世紀に生じた可能性が最も高いが、新たに定着した中国系移民もまた彼ら自身の住宅様式である単純な勾配屋根の家を持ち込み、広東（広州）の地名に由来するプテア・カンタン（pteah kantang）と名付けられました。

　ミャンマーでは、確証づけるにはなお研究を要するものの、屋根形態の多様性はカンボジアほどは高くなかったようです。ミャンマーの住民の大半は、カンボジアと同様に、藁葺の家に住んでいましたが、植民地期以前の木造住宅についてのいくつかの事例研究によれば、かなり緩い勾配の屋根の家で、同じ屋根形式の建物が隣り合って建てられていました[註14]。

　カンボジアにもミャンマーにも贅沢禁止令が存在し、装飾や屋根形式についての制約に関係していました。一般住宅建築ではファサードに彫刻装飾を施すことや屋根を層状にすることは禁じられ、あらゆる際立った特徴は王室と高官だけのためのものでした。特徴的な屋根形状の興味深い例の一つがプテア・クン（pteah keung）で、カンボジアではめったに見られないものの、かつて伝統的な住宅の建設を支えていた社会的区分の様式を暗示しています。宮殿に隣接する堂を意味するロン・クンダール（roung keng dal）という表現が示すように、クン（keung または keng）という語は宮廷建築に関連付けられています[註15]。このプテア・クン（pteah keung）は、バッタンバン州のコー寺院に存在しました（**図13**）。

　上級官僚のための建物として、上部は切妻造で、下部は寄棟造の層状の屋根を特徴としています。この屋根の形状は、カンボジアにみられる礼拝堂のものと非常によく似ています。

僧院・宮廷建築

　僧院建築と宮廷建築に関するしきたりや設計は非常に類似しており、少なくともミャンマーでは、棟梁や大工職人たちはどちらも同じように建設を行っていたことから、双方の建築における屋根形式についての考察を一つにまとめます。

　カンボジア、ミャンマー、およびシャンの領域における僧院建築の屋根は、多層屋根が支配的なことによって特徴付けられていましたが、これら屋根が呈するプロポーションと、層状屋根の下部と上部の間の接合の仕方は地域ごとに大きく異なっていました。

　ミャンマーおよびシャンの僧院の屋根がカンボジアのものと異なる主な点としては、カンボジアの僧院建築では層状屋根の下部と上部の間が何もなく連続しているのに対して、ミャンマーおよびシャン地域では下層と上層の間にレーボー（leh-bo, 首の意）が存在して両者の不連続性が強調されています。

　既に述べた通り、一部の僧院と宮廷建築は、19世紀においては三層の屋根（および二つの首）を持つ建築を意味した、ゼータウンという名で呼ばれていました（**図14**）。

　贅沢禁止令では、この三層屋根と二つの首は、王室と上級官僚だけに許されていました。ミャンマーではもはや数少なくなったこのようなゼータウン建築の一つを、マンダレーの

図14 中央にゼータウンの建物が描かれた絵文書

シュエ・ナンドー（Shwe-nandaw）僧院に見ることができます。

　ミャンマーおよびシャンの領域における僧院建築では層屋根の段数とそれによって生み出される高さに最も関心が払われていたのに対して、カンボジアでは、下層の屋根の上に突き出した切妻を形成することによって上層の屋根をより長くすることが追求されました。バッタンバン州のサムロン・クノン寺院（Wat Samrong Knong）（**図15**）とコー寺院（Wat Kor）（**図10**）では、二本の木製の柱で支えられた屋根上部が屋根下部の上方まで延びるというこの新機軸が、二層あるいは三層の屋根と組み合わされています。

　このような建築構成は、古代のクメール寺院の突出した破風に通じるものがあり、同様の視覚効果が達成されています。

　場合によっては、これらの多層屋根は特に重要な意味を帯びていました。特別な場所、機能、構造的位置、そして最も重要なことには、建設の背後にいる施主の地位を表すものとして屋根の具体的な形状が決定され、尖塔が造られました。ミャンマーでは、仏像のためにせよ支配者のためにせよ、玉座を収める建物は、七層の尖塔屋根であるピャッターの形を呈しなければならず、最初に述べたように、それは僧院にも王宮にも同様に見られるものでした。ピャッターの建設を命じることができるのは、支配者自身か王室の一部の者だけでした。

2 古代木造建築を「建築史学」から考える

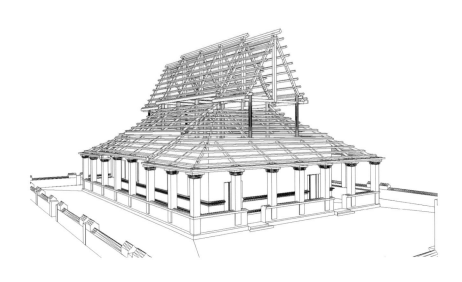

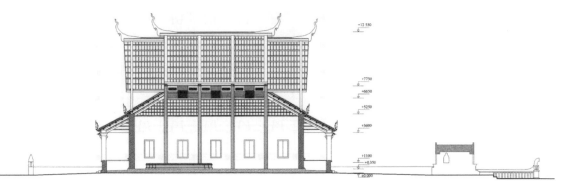

図15 サムロン・クノン寺院の突出した切妻（カンボジア・バッタンバン州）

図16　バボー寺院の身舎上に載る多重屋根（カンボジア）

　ミャンマーのピャッターについては既に多くの文献があるので、本稿ではこれ以上詳細に立ち入ることはしません[註16]。カンボジアでも、多層屋根は王室だけのものでしたが、その形状は異なっていました。依然尖塔とは見なせるにしても、ミャンマーのもののように細長いプロポーションではなく、また、自立した構造物ではなく、中央の身舎の棟の上に建てられる場合がほとんどでした（**図16**）。

　カンボジアとミャンマーの一般住宅、僧院、および宮廷の建築に見られる屋根構造のすべては、移住してきた集団からの影響、領域を越えた文化的交流、より壮大な宮殿を求める王の欲望、あるいは裕福な一族が増加することによる国内的需要が木造建築の形態における変化を刺激するのに伴って、大きく発展を遂げてきました。しかしなお、これらの変化は、伝統的な建築および接合技術が許容しうる範囲内で現れたにすぎません。

　いいかえれば、棟梁や大工職人たちは、屋根の木造部分を延長することで、屋根の建築的形態を大きく変化させながらも、伝統的な建築技術体系の枠内にとどまり続けることができました。カンボジアでもミャンマーでも、植民地時代においては、新しい建築材料（亜鉛、煉瓦）、新しい建築や接合の技術が導入されることによって、もっと劇的な変化が生じることとなりました。

　カンボジアとミャンマーの両国における木造建築と建築的伝統の発展について比較することは困難な課題です。これに関する情報量が不均等であり、両国に現存する木造建築の

数も不均等であり、そして何より重要な点は、一般住宅建築、僧院建築、宮廷建築に見られる建築形態の多様性があまりに大きいことです。

とはいえ、木造建築の構法における強固な連続性が確立されたのは、植民地時代の到来まで、専門的職人集団の間で知識が伝達されることによって建築や接合の技術体系の永続性が保たれてきたからです。しかし、植民地時代に入ると、この連続性は、新しい貿易商人集団や新しい建築資材の流入、新しい建築類型や新しい建築技術の出現、そして土地の人々が新しい建物に魅了されることによって、大いに脅かされることとなりました。木材が非常に高価な商品となったこの時点において、木造建築の衰退が始まることとなりました。

註

1. Daw Yi Yi, "The Thrones of the Burmese Kings", *JBRS*, Vol. XLIII, Part ii, Rangoon, 1960, p. 99. 参照

2. アマラプラでは、大工職人街 lek-thamasu は王城の南西に立地し、マンダレーではこのようなコミュニティの多くが都城南部のタンパワディ地区に集中していた。

3. Toe Hla, *Ko nan ko hti ko cha-ngan, Lin yadana sape-daik*, Yangon, 2004, p. 34. 参照

4. *Ussa-rau amat-gyi, Hanthawaddi hsinbyushin ayedawpon maugun udan*, Toe Hla (ed.), Myanmar Historical Commission, Yangon, 2006, p. 155. 参照

5. バインナウン王が王宮の主殿にヴェジャヤンタと名付けたのはかなり大胆であった。タジャミンの神話の宮殿は100のピャッターをもち、それぞれのピャッターには7層の屋根があったとされている。G.P.

Malalasekera, DPPN, Vol. II, The Pali Text Society, London, 1974, p. 915. 参照

6. 「ゼータウン 'zetawun'」の語は、マガダ語の「ジェタヴァナ 'Jetavana'」から来ており、後にパーリ語に取り入れられ、仏典の中ではスダッタ長者が舎衛城（スラヴァスティ／サヴァッティ Sravasti/Savatthi）でブッダに寄進した庭園（祇園精舎）を意味している。仏典には祇園精舎にどのような建物があったかについての記述はない。単に、人の心に豪華な装飾と顕著な建築であると映ったとされる。ビルマではゼータウンの建物は後には王宮内か僧院に存在し、少なくとも12世紀、パガンのチャンズィッター王宮には存在していた。しかし、後のコンバウン時代に見られた機能や形態と同様の建造物であったかどうかは定かでない。

7. Ms. 15027, "Nandaw myei-pon", Yangon Universities' Central Library. 参照

8. (Pagan) U Tin, *The Royal Administration of Burma*, E. Bagshawe (trans.), Ava Pub-lishing House, Bangkok, 2001, pp.590-591.

9. 同上、p. 591.

10. Henri Parmentier, "La construction dans l'architecture khmère classique", in *Bulletin de l'Ecole Française d'Extrême Orient*, Tome 35, 1935, pp. 243-311. 参照

11. 同上

12. Madeleine Giteau, "Un court traité d'architecture cambogienne moderne", in *Arts Asiatiques*, Tome 24, 1971, pp. 103-147. 参照

13. Pierre Pichard, "Ancient Burmese Monasteries", in P. Pichard & F. Lagirarde, *The Buddhist Monastery, A Cross-Cultural Survey*, (Chiang Mai: Silkworm Books, 2013), p. 63. 参照

14. Myo Myint Sein, "She-aung Myanmar

ein-mya [Ancient Myanmar houses]",
in *Pinnya Padetha Journal*, Vol. 5,
Part 4, Rangoon University Publication
Department, 1970. 参照

15. Prak Vireak, "Wooden houses of the
early twentieth century: Settlement
patterns, social distinction, and
ethnicity", p.76, in F. Tainturier, (ed.) ,
*Wooden architecture of Cambodia: A
Disappearing Heritage*, CKS Publishing,
Phnom Penh, 2006. 参照

16. Sylvia Fraser-Lu, *Splendour in Wood,
The Buddhist Monasteries of Burma*,
Orchid Press, Bangkok, 2001. 参照

Monastery: A Cross-Cultural Survey,
Silkworm Books, Chiang Mai, pp. 59-74.

Tainturier, Francois, 2006. *Wooden
Heritage of Cambodia: a Disappearing
Heritage*, Center for Khmer Studies,
Phnom Penh.

主要参考文献一覧

Fraser-Lu, Sylvia, 2001. *Splendour in
Wood: The Buddhist Monasteries of
Burma*, Orchid Press, Bangkok.

Giteau, Madeleine,1971."Un court traité
d'architecture cambodgienne moderne",
in *Arts Asiatiques*, Tome 24, pp. 103-147.

Myo Myint Sein, 1970. "She-aung Myanmar
ein-mya [Ancient Myanmar houses]",
in *Pinnya Padetha Journal*, Vol. 5,
Part 4, Rangoon University Publication
Department.

Pagan Tin (U) , 2001. The Royal
Administration of Burma, E. Bagshawe
(trans.) , Ava Publishing House,Bangkok.

Parmentier, Henri, 1935."La construction
dans l'architecture khmère classique", in
*Bulletin de l'Ecole Française d'Extrême
Orient*, Tome 35, 243-311.

Pichard, Pierre, 2003. "Ancient Burmese
Monasteries", in Pierre Pichard &
Francois Lagirarde, *The Buddhist*

2.4　タイにおける木造建築技術の発展および周辺地域との相互影響

タイ王国文化省芸術局
記念物保存部建造物課
ポントーン・ヒエンケオ

　タイは東南アジアの赤道近くに位置します。気候は熱帯性で南西モンスーンと北東モンスーンの影響を受け[註1]、年間を通じて一定の降雨があります。このような地理および気候条件がタイの各地域に豊かな森林をもたらした要因です。森林に成長する樹木は、タイの各地域の地形によって異なります。

　重要な木材供給源である国内の森林の種類は、大きく熱帯雨林と落葉樹林に分けることができます。熱帯の常緑樹林は雨が多い高山地帯に分布し、落葉樹林は、チャオプラヤ平原を除くタイ全土に見られます。この森林がチーク、アイアンウッド、マカモン、竹などの貴重な木材の最も重要な供給源となっています[註2]。

　人間が森から得る基本的な恩恵は木材であり、それらは人間生活の4大要素の一つである住宅建設に利用されてきました。タイでは過去から今日に至るまで、木材が建築に用いられ、建物のすべての部分に使用されてきました。

　建物の建設では、各木材種の特性に応じて建物の各部位に適した種類の木材が選択されます。建設用木材はその強度に基づいて三つのグループに分類されます。

　強度が1000 kg/cm²以上の木材は超硬質材で、構造部材として使用されます。強度が1000～600 kg/cm²の間の硬質材は構造材と他の部位に、そして強度600 kg/cm²以下の木材は軟質材として扱われます[註3]。

　タイの建築用材として最も有名なのはチーク材で、国の北部と西部が原産地です。チーク材には、美しい色や特有の模様など多くの特徴があり、彫刻にも適しています。同時に、強度を測定するとチーク材は硬質材に分類されるとても丈夫な木材です。シロアリや苔、真菌に耐性を有するO-クレシルメチルエーテル（C8H10O）という化学物質を含有していることにより、チーク材は建物のすべての部分に適しています[註4]。

タイ建築における木材利用の発達

　タイでの建築における木材利用の発達は、時代ごとのさまざまな要因によって変化してきました。初期タイでは、先史時代から木材が住宅建築に用いられてきました。ウドンターニー県のバンチェンやラチャブリ県のバン・ノンチェサオといった考古遺跡では木製の柱の痕跡が確認されています[註5]。

　研究、分析と仮説から導き出されるこれらの建物の性格に照らすと、初期タイの木材の使用は、建築の特徴と技術の両面において単純簡潔なもので、生活上の必要に応えることに焦点が当てられていました。

　2世紀から12世紀にかけては、歴史時代といっても、タイは依然として文明の形成段階

にありました。この時期に用いられた建築の様式と技術は、2世紀から9世紀にかけてはインド美術、6世紀から12世紀にかけては古代クメール美術の影響下にありました。

建築に木材が使用された証拠は、石造の仏教彫刻あるいは石造や煉瓦造のバラモン・ヒンドゥー教遺跡にのみ確認できます。小屋組や天井、建具の部材、煉瓦造や石造の壁体における補強構造などに木材が使用された痕跡が見られます。タイでの建築における木材の使用は文明が発達するにつれて複雑化してきたことが明らかです。いいかえれば、この発達は、宗教的影響と外的影響という重要な要因がもたらした、より洗練された社会への発達によるものです。

やがて、13世紀の間に国の政治、宗教、社会的信仰に変化が生じ、同時期に三つの主要な王国が成立することとなりました。

スコータイ王国（1238〜1338）は北タイの南部に成立し、その中心はスコータイにありました。続いて、北方にランナー王国（1292〜1558）が成立し、チェンマイを中心としました。さらに遅れて、チャオプラヤ平原の中心域には後にシャムとも呼ばれるアユタヤ王国（Ayutthaya, 1296〜1767）が生まれました[註6]。その後、アユタヤ王国は一帯で最も強力な国家となり、やがて今日のタイとなりました。これらいずれの王国でも上座部仏教が唯一の宗教となり、社会制度においてダナヌサッティ（Dhananusatti）と呼ばれる階層序列が形成されました。

このような変化は、この時期に成立したタイ建築に大きな影響を与えました。各王国の勢力範囲、基本的環境条件、土着の信仰、外的影響に応じて、建築の特徴や細部には相違が見られました。しかし、同時に、建築装飾の概念や用法など、建築の基本的な部分においては類似性が見られました。その理由は、三つの王国がともにタイ・ラオスの宗教と文化に立脚していたためです。建築様式と同様に、木造建築技術も根底においては同様でしたが、細部において若干の相違が見られます。

重要な点として、13世紀以降、各王国の影響下でタイの様々な地域に造られた建築の屋根の基本形式である切妻造があります。各時代の各建築様式に用いられた木造の構法および技術の発達を含む、類似性と可変性について理解するための比較研究における主要な対象として第一に切妻屋根が挙げられるのです。ここから、所在する地域、歴史、屋根構造技術の類似性に基づいて、大きく二つのグループに分けて見ていきたいと思います。

タイ建築の屋根構造に使用される木造の構法と技術：北部地域

スコータイ建築

屋根構造が完存するスコータイ建築様式の現存建物は、北部地域の南方に位置するピッサヌローク、ピチット、およびウタラディットの各県のほか、中部地域のナコンサワンとウタイターニーにも見られます。これらはいずれも仏教建築です。その木造の屋根構造は、柱梁構造（軸組）の基本技術に基づいています。

構造の各部分は、継手・仕口により組み上げられており、解体および再構築が可能です。軸組の主要な部材には太い木材が使用されていました。登り梁は用いず、正方形断面の太く長い母屋桁と木舞によって屋根瓦の荷重を承け、束と梁を重ねた小屋組へと伝達し、さらに柱と壁へと伝える構造となっています。スコータイ様式の小屋組に特有の技法は、サパン・フア・サオ（sapan hua sao）またはサパン・ラブ・コ・ソン（sapan rub ko song）と呼ばれる長方形断面の太い添え梁を用いることです。堂の身舎柱上にこれを置くことに

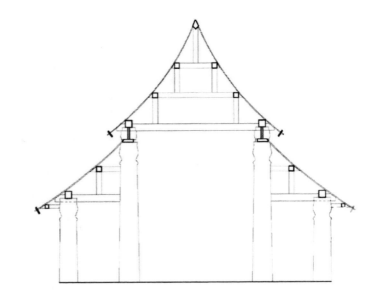

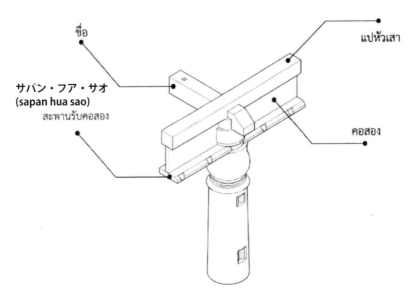

図1　スコータイ建築の小屋組

より、下段の屋根の木舞上端を支持する役割を果たしています（**図1**、**図2**）。

　伝統的なスコータイの小屋組技術に加えて、次のようにランナーとアユタヤの技術の伝播も見られます[註7]。

　片持ち梁とフ・チャン（hu chang）と呼ばれる木製の方杖からなる構造によって、軒をかつてないほど長く伸ばすことが可能となりました。これはランナーの構造技術で、周囲に柱を巡らせて軒を支えるという本来のスコータイの建設技術では用いられなかった技法です。

　スコータイ様式とアユタヤ様式の小屋組が折衷されているのが、束梁組におけるアユタヤの技法である短い登り梁とサパン・フア・サオとの併用です。一方で、この構成はスコータイがアユタヤ王国に併合される以前から形成されていたものなのか、あるいはそれ以後に生まれたものかについて理解するには、さらなる研究が必要です。

2 古代木造建築を「建築史学」から考える

図2 スコータイ建築の小屋組の例 ラジャプラナ寺院（ピッサヌローク）

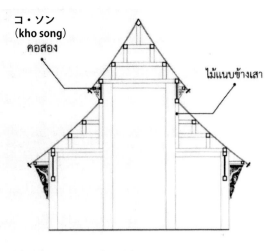
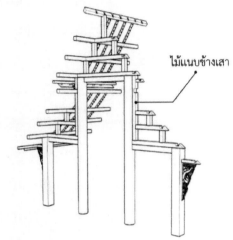

図3　ランナー建築の小屋組

ランナー建築

　現存するランナー建築の遺構は14世紀以降のものです。ランナーの小屋組技法は束梁式で、この構法はマ・タン・マイ（ma tang mai）と呼ばれます。その構成と技法の基本的考え方はスコータイ建築の小屋組と同様ですが、細部においては異なっています。他には見られないランナーの小屋組に特有の技法としては、次のようなものがあります。
・上段の屋根面を下段の屋根面よりも高く持ち上げるために、コ・ソン（kho song）と呼ばれる二重桁形式を用います。下方の桁は、下段屋根の木舞上端を支持するために使用されます。
・身舎柱に取り付けた正方形断面の細い束を用いて、コ・ソンからの荷重を庇小屋組の最下段の繋ぎ梁へと伝達します。

片持ち梁を軒方杖フ・チャンと一体化した梁受材と併用して、軒をより長く張り出せるようにします（**図3**）。

　王国の立地が強固な文化的伝統を持つ社会、地域に近接していたため、ランナー建築の小屋組は、古くからほとんど変化していません。そのため、相互的影響は、ランチャン（ラオス）、チェントゥン（チャイントン、ミャンマー・シャン州）、チェンルン（中国南部、シーサンパンナ・タイ族自治州）などといった、同じ文化的背景をもつ地域との交流によって生じました。

　1889年にシャム王国に完全に統合された後、1903年に建てられた、ナン地方の統治者（スリヤボンサ王子）の邸宅には、小屋組技法における変化を見ることができます。木造構造部材の断面、構造部材の接合技術、建物の

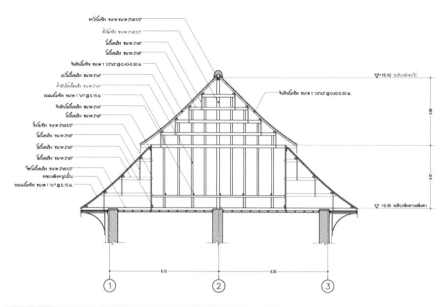

図4 伝統的構法に西洋建築技術が折衷したことによるランナー式小屋組の変化
（スリヤボンサ王子の邸宅、1903年）

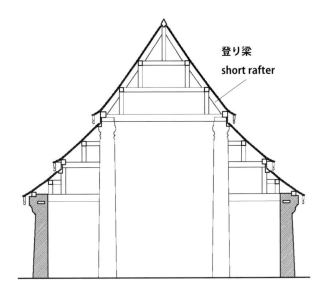

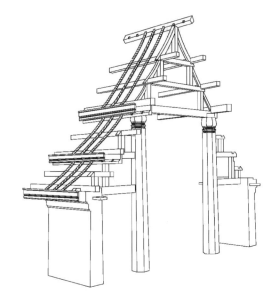

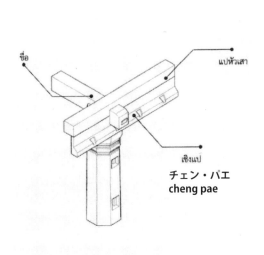

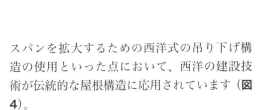

図5　初期アユタヤ建築の小屋組

スパンを拡大するための西洋式の吊り下げ構造の使用といった点において、西洋の建設技術が伝統的な屋根構造に応用されています（図4）。

今日でも、ランナーの伝統的建築様式で建物を建てることは、構法と技術の両面において、昔と同様に行われています。

タイ建築の屋根構造に使用される木造の構法と技術：中部地域

アユタヤ初期（1350～1448）

アユタヤ初期の小屋組も、北部地域のスコータイやランナーに類似しており、束梁式です。アユタヤ初期の小屋組の構成は、キエン・プラドゥ（kieng pradu）と呼ばれます。北部地域とは異なる、アユタヤに特有の小屋組技法

図 6　中期アユタヤ建築の小屋組の例　ヤイ・スワンナラム寺院の僧堂（ペッチャブリー）

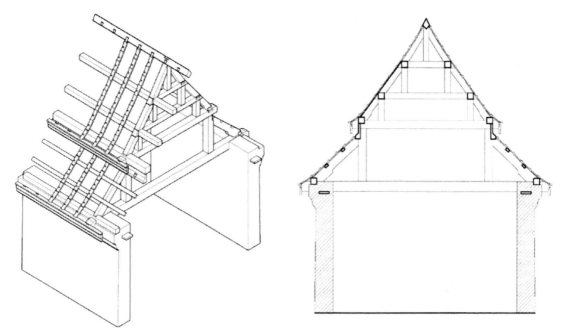

図7　後期アユタヤ建築の小屋組の変化　登り梁上の長方形断面母屋の追加による中央柱列の省略

としては、構造を強化するために身舎の小屋組の各段に短い登り梁が追加されることが挙げられます。さらに、正方形断面の桁材の下に長い受け材を配して、下段屋根の木舞上端を支持します。

チェン・パエ（cheng pae）と呼ばれるこの受け材は、建築物の屋根を多数の段に分割することを容易にする上で重要な技術的役割を果たしています。屋根を支えるために建物内の中央に柱を建てる必要がなくなることで、開放的な内部空間が実現できます。

屋根を分割することは、建物の建築的階級をより明確に示したいという考えを反映したものです（図5）。

アユタヤ中期（1448～1688）

アユタヤ中期の小屋組は基本的には初期と同様で、様式や技術における多様な発達は特に見られません。中期の最終段階には、アユタヤすなわち当時のシャムは西洋、とりわけフランス、オランダ、ペルシャ、ポルトガルといった諸国との接触を増していました。その結果、時代が下るにつれて、様式と技術の両面において変化が見られるようになります（図6）。

アユタヤ後期（1688～1767）

西洋建築の影響を受けた結果、アユタヤ後期の初めに小屋組は発達し、変容していきました。わかりやすい例としては、小屋組にお

図8　後期アユタヤ建築の小屋組の例　ヤイ・スワンナラム寺院の講堂（ペッチャブリー）

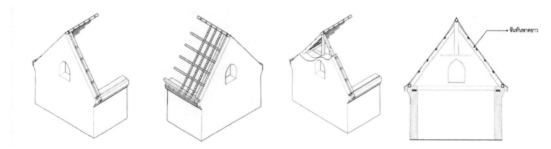

図9　一材の長い登り梁と棟束を用いて束梁による支えがない、西洋の影響を受けた小屋組

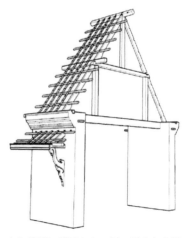

図10 アユタヤ後期に発展した、長い垂木と束梁の構法による小屋組の例 プラセースッターワー寺院の僧堂（バンコク）

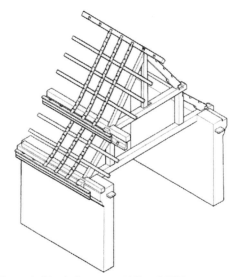

図11 初期ラタナコーシン建築の小屋組

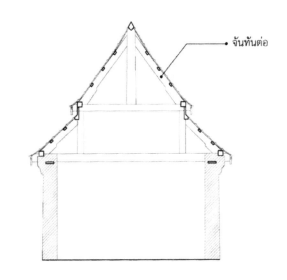

ける短い登り梁の役割が増大したことが挙げられます。構造フレーム各段の登り梁上に長方形の母屋材を追加したことによって、屋根荷重を分散させることができ、内部に中央柱列がなくても大きな建物を建てることが可能となりました（**図7、図8**）[註8]。

この時期の初めに建てられた建物には、非常に西洋的な建築様式のものも見られます。これらの建物の小屋組は、長大な垂木と棟束だけで、束や梁で支えることなく一材で架構しています[註9]。その後、伝統的な小屋組の基本である束梁式を採用する方向で発達し、小屋組が改良されるとともに、小屋部材の寸法が低減していきました。小屋組内の各フレームの間には、安定性を高めるために補強部材が追加されました。建築技術では昔と同様に継手・仕口が用いられています（**図9、図10**）。

ラタナコーシン期（1767～現在）

アユタヤ後期の小屋組の構成と技法が発達して、ラタナコーシン期に受け継がれました。ラタナコーシン期またはバンコク期は、1767年にアユタヤ王国がビルマに敗れ、都をバン

図12　初期ラタナコーシン建築の小屋組の例
マイ・トンセン寺院の僧堂（バンコク）

コクへと移した以後の時代です。

　ラタナコーシン時代の初期における切妻造の小屋組は、一材の長い垂木と棟束を用いて、これを束梁式構造と組み合わせたものです。垂木は、各段の屋根の長さに合わせて決められます。垂木上には長方形断面の母屋が置かれて木舞を支持します。このように、ラタナコーシン時代初期の小屋組の構成と技法は、アユタヤ後期から継続してきたものです（**図11、図12**）。

　切妻屋根のほかに、マンダパ（mandapa）と呼ばれる屋根形状もアユタヤ時代から受け継がれてきました。マンダパの屋根の形状は、ラタナコーシン期にも君主や仏教の建物の一部に使用されています。マンダパの小屋組技法の基本的な考え方は、切妻屋根と同じです。束梁式と登り梁によって造られますが、構成はより複雑です。

　ラタナコーシン期のうち、ラーマ1世からラーマ5世までの時代（1782～1910）のタイ建築は、建築的特徴と構造技法の両者において、同時期のラオス建築やカンボジア建築と部分的な類似性が認められます。これは特に君主のための建物で顕著です。当時のタイは近隣諸国と政治・文化の両面で密接な関係にあったため、建築においても互いに影響しあった可能性が考えられます。

まとめ

　以上のように、タイの木造建築技術の発達は歴史的な変化と密接に関連していることがわかります。国内各地での木造建築の始まりを見ると、建築の重要な要素である小屋組の建築材料に木材を使用するという出発点は同

じですが、それぞれの建築技術や手法は、各地域での木材に対する知識を反映して異なっていたといえます。

後に、社会や文化、政治、経済等の変化によって各地域間の相互的な結びつきが強まり、さらには戦争をも含む絶え間ない相互作用によって、地域ごとの様々な知識の交流、伝播、融合がもたらされました。こうしたことがタイの木造小屋組技術に見られる発展と変化の背景に存在しています。つまり木造小屋組技術の交流と伝播は国内で完結していることではなく、過去に接触や交流があった近隣の地域やさらに遠方の地域との関係によって起きたことなのです。

註

1. Meteorological Department, "Climate of Thailand", https://www.tmd.go.th/info/climate_of_thailand-2524-2553.pdf (retrieved 1 November 2018)

2. Kasetsart University, "Forest Resources", https://web.ku.ac.th/schoolnet/snet6/envi2/forest/forestn.html

3. Department of Forestry, "Criteria for Soft Wood, Hardwood according to the Standards of the Department of Forestry", http://forprod.forest.go.th/forprod/Tips/DETAILS/woodstandard.html

4. Department of Forestry, "Teak Wood", http:// forprod.forest.go.th/forprod/microbiology/Micrology wood/ไม้สัก.doc

5. Art and Culture Magazine, "Trace the "Oldest House" in the Thai Territory", https://www.silpa-mag.com/club/miscellaneous/article_2235

6. Fine Arts Department, "The History of Sukhothai", http://www.finearts.go.th/

fad6/parameters/km/item (retrieved 5 November 2018)

7. ผศ. บัญชา ชุ่มเกสร...,
ระบบโครงหลังคาในงานสถาปัตยกรรมสุโขทัย:
ตะวัน วีระกุล, ปัทมา เจริญกรกิจ, พสวีร์
อดิศัยสกุลชัย, โครงสร้างทางไทย สถาปัตยกรรม
สุโขทัย อยุธยา (10-15). กรุงเทพ:
สถาบันศิลปกรรมไทยเฉลิมพระเกียรติ.

8. ผศ. บัญชา ชุ่มเกสร...,
ระบบโครงหลังคาในงานสถาปัตยกรรมอยุธยา:
ตะวัน วีระกุล, ปัทมา เจริญกรกิจ,
พสวีร์ อดิศัยสกุลชัย, โครงสร้างทางไทย
สถาปัตยกรรม สุโขทัย อยุธยา (22). กรุงเทพ:
สถาบันศิลปกรรมไทยเฉลิมพระเกียรติ.

9. ผศ. บัญชา ชุ่มเกสร...,
ระบบโครงหลังคาในงานสถาปัตยกรรมอยุธยา:
ตะวัน วีระกุล, ปัทมา เจริญกรกิจ, พสวีร์
อดิศัยสกุลชัย, โครงสร้างทางไทย สถาปัตยกรรม
สุโขทัย อยุธยา (28-30) . กรุงเทพ:
สถาบันศิลปกรรมไทยเฉลิมพระเกียรติ.

3　木造建築を「保存」する

3.1 タイにおける木造建築遺産の保存修理

タイ王国文化省芸術局
記念物保存部建造物課
ポントーン・ヒエンケオ

はじめに

　東南アジアの一角を占めるタイには、一部または全体が木造の伝統的建築遺産が豊かにあり、そしてこの建築遺産のうちの多くが今日でも使用されています。

　過去から現在に至るまで、継続的なメンテナンスと修復によってそれらの木造建築遺産は維持されてきました。私たちがいま適切に行わなければならないことを周知、実現すれば、貴重な伝統的木造建築遺産の将来に向けた保存に寄与することとなります。

タイ伝統建築における木材の使用

　モンクット王ラーマ4世の治世に相当する、19世紀中頃に西洋文化の影響がタイに大きく及ぶまでは、タイには非常に多様な建築的伝統が存在し、祖先の伝統的実践の影響を受けつつ、建築様式や芸術、材料の用法、建築技法、さらには建築にまつわる信仰にも影響を及ぼしていました。

　建築材料の選択に関して言えば、木材はタイの伝統建築のあらゆる種類や階級に用いられた唯一の素材です。地中の基礎や軸組、床や壁、装飾や屋根瓦といったあらゆる部位にわたり、建物の建設に部分的または全面的に木材が用いられてきました（**図1**）。

　タイ伝統建築における木材の使用には、構成部材、建築技法、施工手順、材種の選択について特有の形態が存在します。タイ伝統建築では、建設の過程はまず、木材の選択から始まります。建物の各構成部材にふさわしく木材を加工するため、強度、文化、名称やヒエラルキーに関する信仰といった木材の特性が適切に考慮されます。用意された木材は、この道に通じた熟練の大工によってそれぞれの部材へと形作られていきます。

　部材同士の組立には、主にほぞ継ぎの技法が用いられます。木製の釘や、中国釘と呼ばれる金属製の釘も、接合部を固めたり、強度を高めたりするために使用されます。この技法によって建物を構成する部材を解体して組み立て直すことが可能となり、それは伝統的な施工手順にも関連しています。

　大工が建物の各部材を仮組みして部材同士の納まりに問題がないか確認する工程をタイ語で"prung"と呼びますが、これは「配置する」ことを意味します。接合が完全であることを確かめたのち、一旦仮組した構造体は完全に解体され、あらためて全体の建設工程の中に組み込まれることとなります。

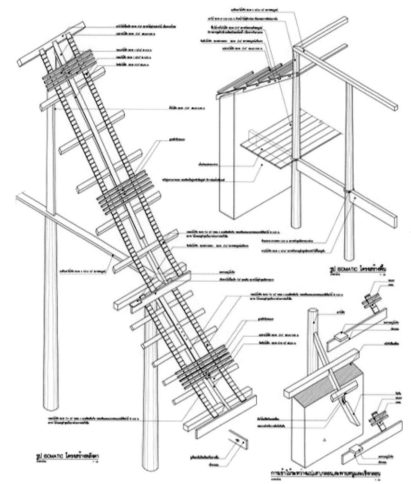

図1 タイ伝統建築における部分的構成部材としての木材の使用

タイの木造建築遺産の保存修理

　タイでは、全体あるいは部分的に木造で建てられた伝統的木造建築遺産が依然として使われています。タイに現存する木造建築遺産の中で、全体が木造からなる最古の物件は17世紀（アユタヤ期）まで遡ります。一方、木造主体部、屋根、天井といった一部分が木材で建てられたものなら14世紀（スコータイ期）まで遡ることができ、その大半は、仏教の信仰に基づいて建てられました。

　タイ伝統建築を構成している木材は、経過年数や使用の有無、使われ方にもよりますが、環境要因や機能上の要因によって間違いなく傷んできます。このため、タイでは長年にわたって破損した木材の維持管理や修理が継続的に実施されてきましたし、このことはタイの木造建築遺産が今日でも残っている大きな理由の一つです。

　過去に行われた維持作業や修理の痕跡は建物の各所に認められ、関連する歴史的な記録とともに、タイの木造建築遺産保存の方法や考え方について学び、理解する上での重要な情報源となっています。それはまた、タイの

木造建築遺産を西洋的な発想や方法で保存することの是非について評価する上での示唆をも与えてくれています。

伝統的な保存手法

　タイにおける「伝統的保存手法」は、西洋から国際的な方法論が到来する以前に一般的に用いられていた、古い建物を修復するための手法および考え方を指します。これは、建物を修復する人々は喜捨を通じて大きな功徳を得て涅槃を達成できるという、仏教の理念に基づいています[註1]。人々のこのような考え方のおかげで、寺院の古い建物を往時と同じくらい、あるいはそれ以上に完全で美しく、健全にするための修復がこれまでに促進されてきました。

　タイの伝統的保存手法では、現行の保存原則において歴史的建造物の価値を形づくるとされている、建物自体やその構成要素のオーセンティシティを維持あるいは回復することには力点が置かれていません。この手法では、傷んだ建物を全面的に改修したり、当初材を改変して新材に交換したり追加したりすることが行われています。こうした保存のための作業は、その時々の材料や技法、芸術的流行に従って行われているのです。

　伝統的保存手法の長所は、改変あるいは付加された部分が当初部分に重ねられる、つまり、当初材が完全に破壊されることはないという点にあります。これは「人が生まれ変わるとき、魂は変わらないが、外見は変化する」という仏教における輪廻の思想に通じます。

　そのため、保存修復家は過去にどの箇所が傷んでいて修復を必要としたのかを後から検証することができます。また、当初の形態やディテール、さらには以前に修復が行われた時期についても情報を得ることができます。

国際的な保存手法

　19世紀中頃から、タイ（当時のシャム）は西洋列強による植民地化の圧力に直面しました。それに対抗する策の一つが、歴史的建造物を維持・修復することによって、歴史的建造物を保存しているヨーロッパ諸国と同様に、タイが文明国であると示すことでした[註2]。

　記念物の保存を含むタイの文化財保存は、ラーマ5世（チュラロンコーン王）治世下の1897年に始まりました。その後に記念物の保存は、より体系的に行われるようになっていきました。

　例を挙げれば、記念物の保存を所管する芸術局の創設（1911年）、記念物法の施行（1923年）[註3]、ヨーロッパ諸国で受け入れられていた記念物保存理念に対応した近代的な法規類の詳細な整備、記念物保存令（1926年）などです。この布告のなかでの、記念物の形態を改変することなく保存し、その周辺環境も維持することに焦点を当てた宣言[註4]は、当時のタイで行われていた伝統的な保存慣行とは完全に異なるものでした。

　1928年から1932年にかけて行われたバンコクのワット・プラ・シー・ラッタナー・サーサダーラーム[註5]の修復と、1933年に行われたサラブリのモンドップ・プラ・プッタバート（仏足石堂）の修復は、1926年の記念物保存令に基づいて国際的な手法を適用し、建造物の当初の外観を保存するために行われた木造建築遺産修復の事例です。一方で、損傷した木造構造物をより耐久性が高く維持しやすいようにするため、コンクリートや近代的な技術を使用して置換・補強することも行われました。このような手法は、以後の時期に修復されたタイ木造建築遺産の多くにおいて適用されてきました。

　第二次世界大戦終結後、記念物保存の目的は、国家の文明を誇示することから経済発

展の要求に応えることへと変容を遂げました。この変化は、発展途上国の経済開発促進に向けた文化的観光の支援というユネスコとUNDPによる施策と整合しています[註6]。

記念物法は、1923年の制定から30年以上を経た1961年に改正されました。諸法令が社会と経済における変化に対応する形で見直され、国際的な保存理念に照らして近代化されたとはいえ、タイにおける記念物の保存は依然としてオーセンティシティの保存に関して困難に直面してきました。このことは、特にリビングヘリテージ（使われ続けている建築遺産）について問題となります。

従って、タイの社会および文化という文脈の中での実践に可能な限り適合した、適切な保存の指針あるいは手法の存在が極めて重要となります。そこで、芸術局は1985年に「仏暦2528年記念物および遺跡保存に関する芸術局規則」と称する記念物保存の規則を制定しました。この規則は、1964年に公布された記念物および遺跡の保存修復のための保存に関する国際憲章（ベニス憲章）に示された理念を取り入れつつ、タイの社会に適合するように修正を加えたものでした。

この規則の本質的な理念は、「修復」や「保存」といった様々な保存用語の定義や、記念物や遺跡の損傷、課題、状態あるいは制約に対処するための適切な保存方法の手順および指針と関連づけられています。

現行の保存手法

現在では、タイの伝統的木造建築遺産の保存のうち国による文化財保存事業は、保護・監督・実施、さらには保存分野における諸組織や利害関係者への学術的支援の提供、を主要な任務とする中心的組織である、芸術局が行っています。このような責務を遂行するに

あたり、芸術局は「仏暦2528年記念物および遺跡保存に関する芸術局規則」を業務の方向性を決定する上での重要なツールとして活用しています。

その主要な目標は、保存作業上の実際的な条件と制約を含む、現在のタイ社会の価値観との一致を考慮しつつ、木造建築遺産の様々な次元での価値をできる限り保存することです。芸術局は、以下のように明確に定義された方法論と手順を有しています。

(1) 保存状態、歴史、環境、利害関係者の意見、運営上の制約および条件、その他あらゆる側面での、木造建築遺産に関する総合的かつ詳細な情報を収集する。

(2) 保存のための最適な方法を決定するために、木造建築遺産の総合的かつ詳細な調査および分析を行う。

(3) 各種の作業におけるデータを記録し、木造建築遺産を将来にわたって維持していくためのデータベースとして活用する。

現行の保存手法による
木造建築遺産の保存修理事例

ワット・マイトンセーン
三蔵堂および布薩堂

ワット・マイトンセーンの三蔵堂および布薩堂（**図2**、**図3**）は、初期ラタナコーシン様式のタイ伝統建築です。小屋組、天井、戸や窓といった建具の主要構成材は木で、組積造の壁体とその他の伝統的装飾材料とともに用いられています。

これらの建物は、1822年の寺院創建時に祭祀空間の主要伽藍として建立されました。布薩堂はこの区域の中心に位置しており、仏典が納められている三蔵堂は主軸に沿った背後にあります。両建物とも、1996年に国の歴史

図2　ワット・マイトンセーンの空撮

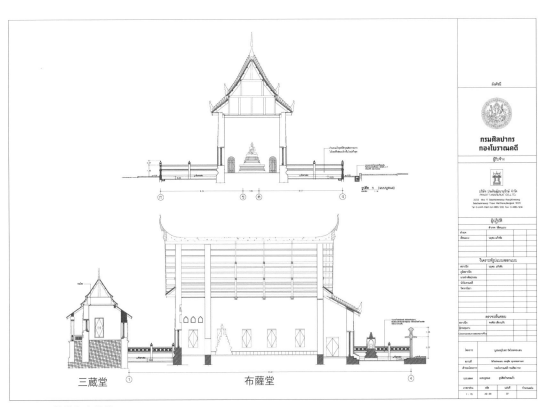

図3　三蔵堂と布薩堂

記念物に指定されています。

　芸術局は、タイの伝統的な建築様式に従って安定性・強度・完全性を回復するために建物ごとの様々な損傷やオーセンティシティを考慮し、建物の本来の価値を可能な限り保存しながら、上記2棟の記念物の保護を図ってきました。三蔵堂については2009年から2010年にかけて、布薩堂については2015年から2017年にかけて保存事業が実施されました。建物の状態に関する調査および他の同時代の建物との比較研究は、オリジナリティの存在とこれまでに生じた変化について理解する上での重要な手掛かりとなってきました。

　それぞれの建物に固有の状況に見合った最も適切な保存方法を決定するためには、建物の構成要素を総合的かつ詳細に注意深く分析する必要がありました。

三蔵堂　木造部材の保存修理

　この建築遺産は、建立されて以来、修理や改変が一切行われてこなかったおかげで、オーセンティシティが高い水準で保たれているという点で、傑出した事例となっています。このため、本建物は建設当時の建築様式、建築技術および材料を代表しています。しかし、保存事業の前には、その構成部材の多くが深刻な損傷を被り、建物のベランダは消失していました（**図4**）。建物各部の損傷状況に応じて、適切な保存方法が選択されました（**図5、図6**）。

　保存作業に向けて、建物の木造構成要素は以下の2つのグループに分類されました。

(1) 当初の構成要素：
　当初の木材の質感を可能な限り保存できるようにするため、部分的に損傷した部位のみが交換されました。完全に損傷して再用不能な部材は、元の材と同じように用意された新材に交換されました。

(2) 消失していた構成要素：
　屋根の木造構造物、天井、ベランダがこれに含まれます。このグループでは、収集したデータと建物の消失した構成要素に関する調査とから得られた当初の構造の特徴に従って完全な復原が行われました。

　最後に、すべての木造構成部材が伝統的な接合技術を用いて組み立てられ、本来の位置に復されました（**図7**）。

図4　三蔵堂の損傷：西面側が完全に破壊されたベランダ

図5　三蔵堂のベランダの木製の登り梁と天井の損傷

図6　三蔵堂の木造小屋組の損傷

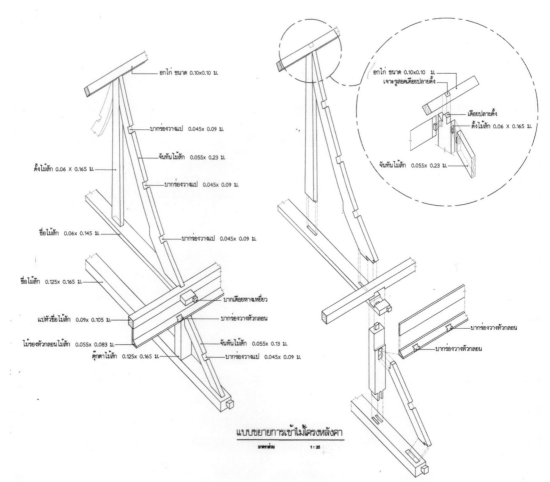

図7　損傷あるいは失われた木造小屋組部材の当初形態および接合部の調査による復原プロセス

図8　布薩堂の外観と内部の修理前の状況

布薩堂　木造部材の保存

布薩堂の木造構成要素の原状は、過去に行われてきた修理によって乱されていました（**図8**）。木造の小屋組や天井の一部はコンクリート造に改変されていました（**図9**）。当初の木材を保存するため、コンクリート造に改変されていた部分が本来の完全な姿に戻されました。従って、本建物の木造構成要素は、木部への介入のあり方に応じて、以下の3種に分類されます。

(1) 当初の構成要素：
　部分的に損傷している部材は、元の木材の質感を可能な限り保存するためにだけ取り替えられました。完全に損傷して再用に堪えない部材は、当初材と同じやり方で用意された新材に交換しました（**図10**）。

(2) 修理されている当初の構成要素：
　過去に修復された木造構成部材は、修復して元の完全な姿に復する上で若干の困難を生じました。そのため、伝統的な技法であるほぞ継ぎに加えて現代的な技術を併用することにより、当初の状態に戻されました（**図11**）。

(3) コンクリート造に改変された構成要素：
　天井、屋根飾り、軒など、建物構造の安定性に影響しない構成要素は、当初材を参照しながら木材で取り換えられました（**図12**

図9　部分的にコンクリートに置換された布薩堂の木造小屋組の修理前の状況

図10　激しく損傷した当初木部材を同一形状の新材に交換

図11　過去に修理されていた当初木部材を伝統的技術のほぞ継ぎと近代的技術を併用して修復

木造に復原されたコンクリート造の軒天井

新たな木製軒板を支持するために、伝統的な接合技術の考え方を応用してコンクリートに改変された片持ち梁のディテール

図12　コンクリートに置換された構成要素の例

上）。コンクリート製の垂木や片持ち梁など、建物構造の安定性に影響する構成要素はそのまま維持されました。同時に、コンクリートに適合した形で伝統的接合技術の考え方を応用することによって、コンクリート製の片持ち梁など、一部の部材のディテールが変更されました（**図12下**）。

三蔵堂・布薩堂　非木造部材の保存

建物の姿を完全かつ美しく復原するために（**図13、図14**）、壁・柱・床・装飾など、三蔵堂および布薩堂の非木造構成部材が、さまざまな方法と技術を用いて、それぞれの部材ごとの損傷程度・素材・価値に応じて保存されました（**図15**）。その際には、伝統的技術と近代的技術の両者が、必要に応じて適宜併用されました。

改修された部分は、保存された当初部分の上に重ねられています。当初の材料と建設技術を将来に証拠として残すため、当初の煉瓦造基礎の上に三蔵堂のベランダが復原されるなど、いくつかの結果につながりました（**図16**）。

図13　修理完了後の三蔵堂

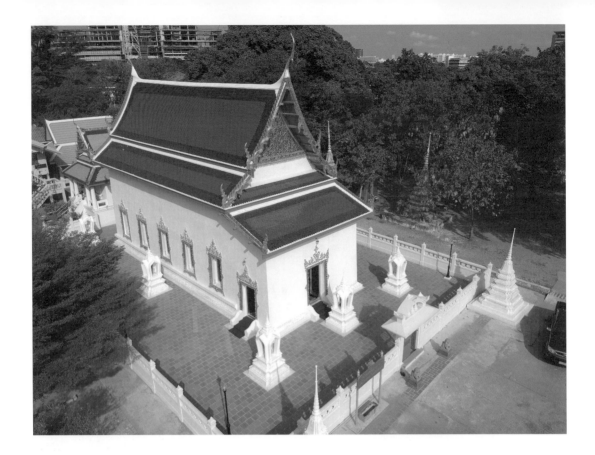

図14　修理完了後の布薩堂

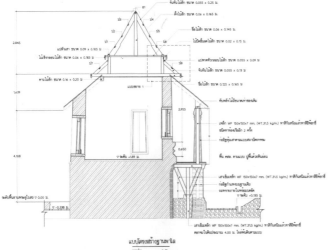

図15　保存されていた当初の煉瓦造基礎の上に、発掘成果に基づいて建物の全体像の仮説を立て、伝統的・近代的な材料、方法、技術を適用して復原された三蔵堂のベランダ

図16　当初部材における工芸装飾の保存

図17　ワット・ボロムニワートの水辺区域の修復前の状況

図18　再建のための重要な手がかりとなった水辺堂の古写真（左）と古地図（右）

バンコクのワット・ボロムニワート
水辺堂

　バンコクのワット・ボロムニワートの水辺堂は、マハナック運河沿いに立地する、小規模なタイ伝統建築です。このパビリオンは、水上輸送に対応した寺院の大掛かりな改修にあわせて、寺の主入口として用いるために1834年に建立されたものと推定されています。その後、水上交通が陸上交通に取って代わられると、水辺堂は放棄され、最終的には失われました（**図17**）。

　2013年に芸術局はワット・ボロムニワートと王室財産局とともに、寺院の当初計画における重要な部分であった水辺の区域を修復し、2009年以来継続的に保存に取り組まれてきた同寺院内の他の記念物と調和させるため、かつての完全な姿に戻しました。

　保存のプロセスは、水辺堂の建築的特徴や景観、失われている要素の位置を示す文書、古写真、地図を収集することから始まりまし

図19 水辺堂の基礎の発掘調査

図20 保存された当初の基礎の上に堂を再建し、発掘された御影石の歩道を修復

た（**図18**）。さらに発掘調査によって、水辺堂の基礎のほか、寺院の内部へとつながる御影石の歩道が発見されました。また、発掘調査では、予期せずに水辺堂の基礎の下から別のパビリオンの基礎が見つかりました（**図19**）。これら2つの建物の基礎は、規模や平面形が異なっていました。

2つの建物の基礎が重層しているという事実は、この水辺区域で様々な時代ごとに生じた変化を表現するため、水辺堂の再建時のアイデアに利用されました（**図20**）。水辺堂の木部は、伝統的な技術・手法・手順で再建されました（**図21**）。この区域の景観を構成する要素、古写真に写っている樹木、発掘された御影石の歩道も保存、再現されています。水辺区域の保存は、ワット・ボロムニワートの失われていた本質を満たし、過去の姿へと近づけるのに役立ちました（**図22**）。

図21　伝統的な技術と手法による水辺堂の再建

図22　ワット・ボロムニワートの失われた本質を満たし、
往時の姿に近づけるのに役立った、
水辺堂と水辺区域の諸要素に関する作業完成後

図23 黄金のパビリオンの保存前の状況

ワット・サイ　黄金のパビリオン

　ワット・サイの黄金のパビリオンは、総木造で建設されたタイ伝統木造建築遺産としては現存最古の遺構の一つと考えられています。

　歴史書によれば、アユタヤ期の17世紀頃に建てられたこの建物は、アユタヤ大王宮の一部であったと信じられています。その後、アユタヤ王朝第29代のソムデット・プラ・サンペット8世王の寓居として使用するため、ワット・サイに移築されました。建物の内外ともに、ほぼすべての木部が工芸によって装飾されています（図23）。

　この建物は、周辺のコミュニティから崇敬されている神聖な記念物のため、長期にわたって維持、改修されてきました。1921年にこの建築遺産は、その傑出した歴史的、建築的、芸術的価値によって学術的に知られるようになり、その様々な側面について多くの研究が行われてきました。しかし、装飾工芸の正確

図 24　予備調査で確認された木部材の様々な損傷

な年代、建設の正確な理由、この建物が本当にアユタヤ王宮から解体されてきたのかなど、現在まで解明されてこなかった学術的な疑問がまだまだ多く残っています。

　過去200年間にわたって確認できる記録によれば、この建物は少なくとも4回の修復を経ており、最も近年の修復は2002年に行われました。それ以前の修復はどれも、部分的に損傷した部材を修理したのみで、個々の修復についての詳細な記録はほとんど存在しません。構造体の傾斜や、木部やその表面の工芸装飾の雨水による劣化など、建物に深刻な損傷が生じたため、2021年に芸術局は、この建物を解体して組み立て直す大規模な保存事業を実施しました（**図24**）。保存作業の主な目標は以下の通りでした。

(1) 物理的にも環境的にもオーセンティシティを極力保ちつつ、適切な構造的安定性を確保するように、建物を修復する。
(2) この建築遺産の将来の維持管理と保護のために、適切かつ十分なデータベースを確立する。

図25　建物の傾斜を明らかにする三次元スキャンデータ

図26　建物の位置の変化を調査するために行った考古発掘

(3) 本建物の学術的に曖昧な点を、保存作業を通じて得られた証拠に基づいて検証する。

保存のプロセスは、建物の各構成要素の基本的状態を理解するために、様々な方法によって建物の全構成要素の総体についてのデータを収集することから始まりました。建物の解体に向けた準備を行いつつ、建物表面の装飾工芸へのダメージを可能な限り除去するよう注力されました（**図25～図27**）。解体後は、木材の材種、木材の損傷状況、形状、建設技術、木部材に見られる痕跡などを把握するために、個々の部材が詳細に検査・記録されました（**図28**）。

重要な資料に対しては、科学的調査が実施されました。各部材の本質と損傷状態に応じて適切な保存方法を決定するために、様々な情報が調べられ、用いられました。当初部材と過去に修理された部材に対して、木材修理のための伝統的技術と近代的技術の両者が適切に適用され、実践されました。当初の木部材については、残存強度に鑑みて、可能な限り元の質感を保存することを目指して修復作

図27 木造構成部材の解体（上）と建物表面の装飾の損傷防止（下）

図 28　木部材ごとの詳細な調査と記録

図 29　損傷した木部材の修復

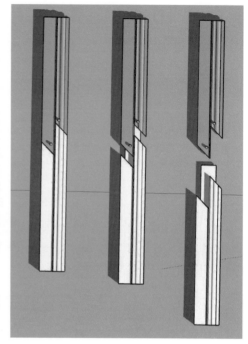

図 29（続） 損傷した木部材の修理

業が行われました。過去に修理あるいは交換されていた木部材については、今回の修復によって、それが修理されるに至った状況をより適切なものに改善することが考慮されました（**図 29**）。

壁画や黒漆塗金蒔絵、芸術的装飾類は保存されてきた建物の重要な要素であり、建物の装飾の全体像についての仮説を作成するために様々な方法でデータの収集が行われました（**図 30**）。これによって、建物の本質をより明確に解釈することが可能となります。

最後に、手順を踏んで修理されてきた、建物を構成するすべての木部材が、伝統的な材料と技術を用いて元の位置に組み立て直されました。また、外壁に残っている黒漆面上の金蒔絵を風雨から保護するため、1965年撮影の建物の古写真を参考に、屋根がもう1層追加されました。

まとめ

タイにおける木造建築の保存は、タイ社会の中に今でも強固に存在している伝統的な方法論と、普遍的理念としての国際的方法論とを統合することによって、作業上の諸条件や制約はもとより、タイの社会に適合した方法論を創造しようと試みています。木造建築遺産の価値と重要性を将来に向けて保存していくため、過去の材料や技術、手法の詳細にさらに焦点を当てて保存に取り組んでいかねばなりません。

図30 建物の工芸装飾の保存

註

1. สมชาติ จึงศิริอารักษ์ ผู้ช่วยศาสตราจารย์, ความเชื่อและแนวความคิดในการอนุรักษ์โบราณสถานของไทยจากอดีตสู่ปัจจุบัน, หน้าจั่ว วารสารวิชาการคณะสถาปัตยกรรม ศาสตร์ มหาวิท ยาลัยศิลปากร ฉบับที่ 8, (กันยายน 2554 - สิงหาคม 2555) หน้า 107

2. พัฑร์ แตงพันธ์, การอนุรักษ์โบราณสถานแบบสากลของไทย: แรกเริ่มที่กรุงเก่า, วารสารประวัติศาสตร์ (2553 – 2554) หน้า 131-134

3. สุนนท์ วงศ์ ณ อยุธยา, 70 รอนุรักษ์มรดกงสถาปัตยกรรม, หน้าจั่ว วารสารวิชาการคณะสถาปัตยกรรมศาสตร์ มหาวิทยาลัยศิลปากร ฉบับที่ 12, (ปีการศึกษา 2536 - 2537) หน้า 31

4. สุนนท์ วงศ์ ณ อยุธยา, 70 รอนุรักษ์มรดกงสถาปัตยกรรม, หน้าจั่ว วารสารวิชาการคณะสถาปัตยกรรมศาสตร์ มหาวิทยาลัยศิลปากร ฉบับที่ 12, (ปีการศึกษา 2536 - 2537) หน้า 32

5. สุนนท์ วงศ์ ณ อยุธยา, 70 รอนุรักษ์มรดกงสถาปัตยกรรม, หน้าจั่ว วารสารวิชาการคณะสถาปัตยกรรมศาสตร์ มหาวิทยาลัยศิลปากร ฉบับที่ 12, (ปีการศึกษา 2536 - 2537) หน้า 35

6. สุนนท์ วงศ์ ณ อยุธยา, 70 รอนุรักษ์มรดกงสถาปัตยกรรม, หน้าจั่ว วารสารวิชาการคณะสถาปัตยกรรมศาสตร์ มหาวิทยาลัยศิลปากร ฉบับที่ 12, (ปีการศึกษา 2536 - 2537) หน้า 37

3.2 ラオス・ルアンパバーンにおける木造建築遺産の保存修理

ルアンパバーン世界遺産事務所
セントン・ルーヤン

はじめに

この節ではラオスのルアンパバーンにおける木造建築遺産の保存を2部にわけて、見ていきたいと思います。最初にルアンパバーンの世界遺産の概要について、次にルアンパバーンの木造建築遺産に関する様々な保護のアプローチについて紹介します。

ラオスおよびルアンパバーンの概要

ラオス人民民主共和国は東南アジア北部に位置する内陸国で、中国、ミャンマー、ベトナム、カンボジア、タイと国境を接しています（**図1**）。人口は約680万人です。本節で紹介するルアンパバーン県はラオス北部にあり、首都のビエンチャンから北に約368 km離れています。人口は約47万人です。ルアンパバーン市は県の南西部にあり、人口は約97,000人です。面積は約800 haで、中心部の人口は約24,000人です。

ルアンパバーンは自然景観に恵まれ、そのなかに民家や一般公共建築、宗教施設などの歴史的建造物が混在しています（**図2**）。芸術、工芸品を含む卓越した多様な有形、無形の文化遺産があり、今日まで何世紀にもわたって続く祭典や儀式、伝統が現在もルアンパバーンに住む人々の生活と密接に関わっています。

特に、ラオスの旧正月の祭典ではボートレースがあり、夜間に出場したボートはライトアップされ、非常に人気があります。

ルアンパバーンは、「伝統的なラオスの建築と19世紀および20世紀のヨーロッパ植民地様式の影響を受けた建物の優れた調和の保たれた卓越した歴史都市である」と認められ、1995年12月9日に世界遺産リストに登録さ

図1　ルアンパバーンの位置

図2　ルアンパバーンの自然景観

れました。二つの文化が融合した形で保存された独特な特徴をもつ歴史都市として保存されていることが高く評価されました。

ルアンパバーンがユネスコの世界遺産として登録された評価基準は、次の3点です。

基準（ii）：ルアンパバーンは、伝統的なラオスの建築と19世紀および20世紀のヨーロッパ植民地様式の建物の優れた調和の保たれた歴史都市である。

基準（iv）：ルアンパバーンは、何世紀にもわたって息づいてきた宗教建築、民間建築、植民地時代の建築の優れたアンサンブルである。

基準（v）：ルアンパバーンの都市としての独自の特性が非常によく保存されている。

登録されたコアゾーンの総面積は約800ヘクタールで、保護地区a（Zpp-Ua）、保護地区b（Zpp-Ub）、僧院地区（Zpp-M）、自然景観地区（Zpp-N）の四つの地区に分かれています（図3）。

各ゾーンには個別の規制があり、遺産地区内には610棟が重要建造物として選定されており、これには167棟の僧院建築と443棟の公共および民間の建築遺産が含まれます（図4、図5）。

ルアンパバーンにおける木造建築遺産保存の取り組み

民間の建築遺産の保存修理

はじめに、民間の建築遺産の保存修理について、いくつかの事例を通じて見ていきたいと思います。保存修理で最初に行うのが調査で、建築家と技術者が現場に赴いて実測を行うとともに、構造物全体の状態を確認します（図6）。主体構造から始めて、基礎、柱、屋根やその他の細部に至るまで、その状態を確認します。どの部分が良好な状態で、どの部分が傷んでいるのか、建物をスケッチして、書き込んでいきます。そして、どの部材が補修、あるいは交換を要するのかを判断し、実測図上に記録していきます（図7）。

次に、現場から得られたすべてのデータや情報をもとに、保存修理のための適切な手法

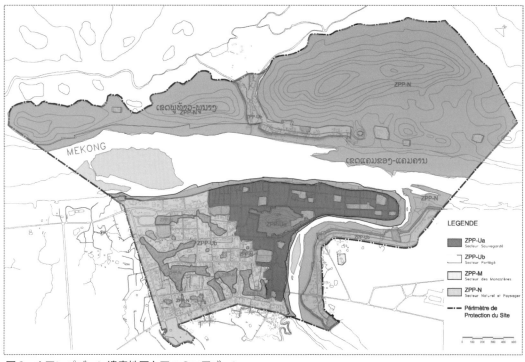

図3 ルアンパバーン遺産地区と四つのコアゾーン

図4 ルアンパバーン遺産地区を構成する様々な歴史的建造物

図5　ルアンパバーン　遺産地区内の重要建造物の例

図6　民間の建築遺産（民家）の建築調査の様子

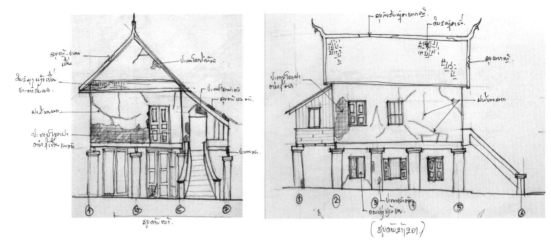

図7　民間の建築遺産（民家）の建築調査のスケッチ

および技術を検討、決定していきます（図8）。

この時に重要なのは、保存修理事業の責任者である技術者が全体設計を正確に作図、立案するとともに、どの部材を補修し、どの部材を交換しなければならないのかについて、工事の請負業者や作業員たちに伝達することです。そのために各部材には番付を付しますが、これらの番付は、部材を解体する際にも改めて使われます。また、装飾を含む建物の詳細についてもすべて図面上に記録し、それぞれについての修理方法を明示します（図9）。古材と新材のそれぞれについて、継手や仕口等の詳細も決定し、図面を作成します（図10）。業者や作業員に対し、伝統的な技法や対処法を尊重するように伝えなければなりません。

第三に、保存修理の作業を実施するための入札書類を作成します。これは作業に従事しようとする業者にその資格と適合性があるかを審査するために必要なプロセスです。通常、保存修理事業の入札参加資格を証明するためには事前の実績を提出しなければなりません。

ただし、民間の保存修理事業の場合には所有者が業者の選定を自ら行うことができます。公共の保存修理事業に関しては入札のプロセスが必須となります。

そののち、木造建築遺産の保存修理工事の実際のプロセスに入ります。保存修理の作業に先立って、屋根（主体構造）の支えや覆い屋となる仮設構造物の建設工事を行います（図11）。どのようなものが必要となるかは、対象建物の状態の良し悪しによります。

仮設工事が終わると、各木材の位置を確認できるように、紙をつけるかまたは色付きの文字で番付を行い、それを図面に記録します。これは非常に重要な工程です。この記録によって、各木部材の位置が保存修理後に入れ替わってしまうことがないようにします。ここまで完了すると、段階的に解体を始めることができます。

すべての木材を解体できたら、木材の品質や状態の確認を行います。状態が良い当初材は同じ場所に戻されます。しかし、状態が非常に悪くて修理できない材は、新材と交換します。ただし、大きさ、厚さ、幅、樹種は当初材と同じ材料を使用する必要があります。

材の一部は状態が良く、一部は傷んでいるという場合もあります。可能なら、材の破損、劣化した部位を切り取って新材と接合することが望ましいですが、この時には当初と同じ

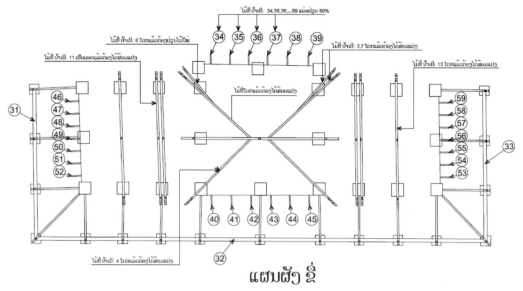

図8　修理の必要箇所等を記した部材調書の例

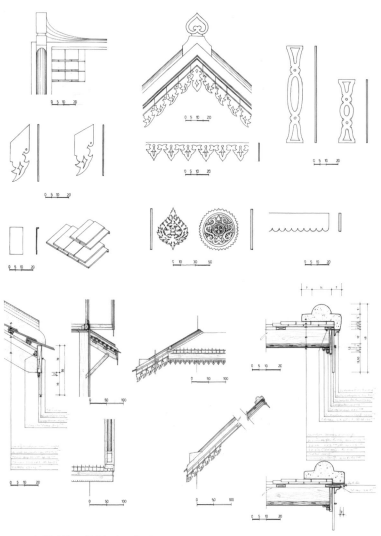

図9　伝統建築の装飾細部の標準図

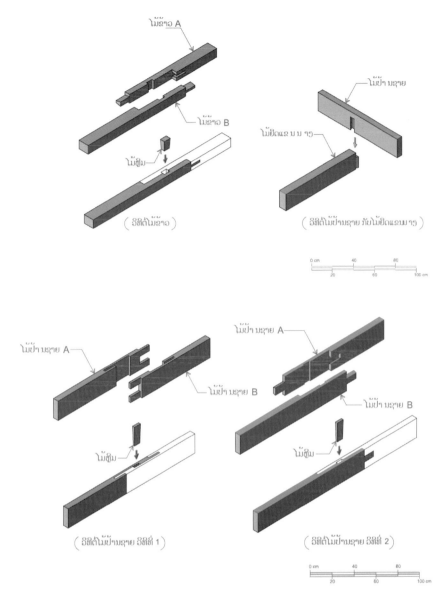

図10 部材の修理に用いる継手・仕口の模式図

図11 保存修理工事の仮設構造物（足場）

図12　解体部材の番付と接木・剥木による補修

図13　小屋組の一部や垂木等の新材への取り替え

図14　保存修理工事の経過の記録写真の例

素材と伝統的技法を使用する必要があります（**図12**）。**図13**に示した事例では、構造材はある程度再使用できましたが、傷んだ部材の一部は新材に交換しなければなりませんでした。

　竣工後は、修理工程や新材への交換箇所など修復事業のすべてをデータベースに記録します。情報を残して将来の保存修理に資することがその目的です（**図14**）。

寺院建築遺産の保存修理

　寺院などの宗教建築遺産の保存修理にあたっては、民家建築の保存修理の場合よりも高いレベルの修理技術が要求されます。寺院建築は一般建築よりも規模が大きく、施されている装飾が多いからです（**図15**、**図16**）。したがってその保存修理には、より多くの時間と技術的知識が必要です。**図17**はラオスにおける寺院建築の保存修理の事例で、修理前と後の様子を示しています。

3 ── 木造建築を「保存」する

図15　寺院建築の保存修理の様子

図16　寺院の建築装飾の保存修理の様子

修理前　　　　　　　　　　　　　　修理後

図17　寺院建築の保存修理の例　修理前（左）と後（右）

まとめ

　ルアンパバーンの民家建築は規模がさほど大きくなく、二階建以下の単純な構造の建物で、手の込んだ装飾もほとんどありません。したがって、保存修理の作業自体はそれほど難しくなく、保存修理工事のほとんどは、伝統的な知識と技術で行われています。一方で規模が大きく、装飾も多い寺院建築の場合は保存修理の難度が高くなります。しかも、近年は伝統的な建物の経験を積んだ大工が不足しており、加えて建物にふさわしい木材を見つけるのも困難になってきています。

3.3 国際的視点から見た
東南アジア木造建築遺産保存修理の現状と課題

ユネスコバンコク事務所
モンティーラー・ウナークン

はじめに

　この節では、東南アジアの木造建築遺産の保存修理の現状とそれに関わる課題に焦点を当て、タイ、インドネシア、マレーシア等のいくつかの国の事例を紹介しながら進めたいと思います。

　私の母国であるタイの事例から始めます。2020年6月に、タイのメディアで大きく注目を浴びた出来事がありました。タイ北部のプレー県にあるチーク材で造られた築123年の古建築が取り壊されたのです。これはタイのチーク木材交易で非常に有名なボンベイ・ビルマ貿易会社の建物として知られていました（**図1**）。不幸にも何かの誤解が原因で、地方政府が取り壊したというのです。徹底的に破壊されたため、歴史的に価値のある部材を救出することは困難でした。しかし、世論の猛反発を受けて、目下この建物の再建計画がタイ芸術局によって進められています。この事件は、東南アジア全体で木造建築遺産が置かれた状況がいかに脆弱であるかを物語っています。このような問題が続くのを許していれば、木造建築が伝えている非常に豊かな文化的多様性を失う結果になりかねません。

　同地域であるタイ北部での一つの好例としては、隣のランパーン県にあるワット・ポンサヌックのユネスコアジア太平洋世界遺産保存賞の受賞があげられます（**図2**）。北部タイ建築の伝統的形態を示すもので、漆工や金箔、ガラスモザイクなどの工芸技術によって表面が豊かに装飾された木造建築遺産です。寺院建築の保存修理には、大工技術だけでなく、各種の特別な専門技術が必要です。

　次にタイ最南部の別の事例を紹介します。ソンクラー県にあるワット・クータオです。気候条件や社会的伝統の違いから、木造寺院でも建築形態は大いに異なりますが、この建物も2011年にユネスコアジア太平洋世界遺産保存賞を受賞しました（**図3**）。設計と建物の性能に現れる背景の違いを理解することは、保存修理の作業を実施する際の出発点として重要です。

　寺院などの儀礼的な建物やその他の宗教建築、宮殿建築以外にも、東南アジアには様々な木造建築遺産があり、一般建築も含まれます。その一例がインドネシアのフローレス島の山の上にあるムバル・ニアンという集落で、この村に行くには4時間も山道を歩いて登っていかなければなりません（**図4**）。この土着的な伝統的建造物群の保存修理は、2012年にユネスコアジア太平洋世界遺産保存賞の最高賞を受賞しました。

　地域全体の現状を見れば、こうした日常生活に用いられる建物は、儀式用の建物よりもさらに脅威にさらされています。この集落の

図1 タイ・プレーのボンベイ・ビルマ貿易会社の木造建築（Nation Thailand）取り壊し前（左）と後（右）

土着的な伝統的建造物群は危機に瀕していますが、儀式用の建物は今も地域社会の中での地位が高く、習慣的に守られているため、さほど危機的ではありません。それでも、このような伝統的な生活環境は現在、保存上の様々な課題に直面しています。

ユネスコアジア太平洋世界遺産保存賞プログラムおよび遺産保存原則

ユネスコアジア太平洋世界遺産保存賞を受賞したプロジェクトをいくつか紹介しましたが、ここでその前提となっている遺産の保存原則等について見ていきたいと思います。

ユネスコアジア太平洋
世界遺産保存賞プログラム

ユネスコアジア太平洋世界遺産保存賞プログラムは、既に創設から20年以上経ちますが、民間による文化遺産建造物の保存のための優れた取り組みを顕彰するものです。文化遺産建造物の多くは民間が所有していることを考えれば、民間が文化遺産建造物の維持や保存を積極的に行えるように奨励することが重要です。また、保存に関する技術的な決定をしなければいけないときに、何が適切な基準なのかを理解しておくことも重要です。この賞には、これまでに28カ国から800件を超える応募があり、そのうち200件以上に賞が与えられてきました。ほとんどが保存修理の事例ですが、少数ながら新築設計の受賞例もあります。

アジア太平洋地域での保存について考えるとき、その優秀さとは何を意味しているでしょうか。私たちが考える評価基準の一つ目は、場所への理解です。どのような保存のための作業を行うにしても、その前に作業をする人々はその遺産が所在する場所の重要性を理解すべきです。文化的、歴史的、建築的、科学的、精神的重要性などといったものがそれに当たります。一旦その場所の重要性についての定義が十分に確立されれば、それが保存に関する意思決定を行い、将来にわたって建物の維持管理を継続していくための基盤となります。

二つ目に、当該プロジェクトが場所の精神

図2 タイ・ランパーンのワット・ポンサヌック保存修理前（左）と後（右）

図3 タイ・ソンクラーのワット・クータオ

図4 インドネシア・フローレス島のムバル・ニアン集落

性をいかによく伝達し、その場所を決定づける特質が維持されうるかを検討します。例えば、保存修理事業が行われた後にその遺産の現地を訪れた人が、以前にそこを訪れたときに感じたのと同様の印象を感じることができるようにすべきです。

三つ目に、案内板やその他の教材を通じた適切な解説によってその意義が伝わっているか、ということです。寺院や学校など今でも使われ続けている建物で、使う人たちが皆その場所の意義を理解しているのなら、その必要はない場合もあるかもしれません。

四つ目の評価基準は持続可能性と影響力に関連しており、このことは非常に重要です。なぜなら、当該地域ではさほど多くの保存修理事業が存在しないのなら、各事業は持続可能性と影響力への貢献に十分留意すべきだからです。最初に考慮されるべき事柄の一つは、保存のプロセスにおけるコミュニティーの役割は何であったかということです。事業の始まりから彼らが参加し、それは有意義な役割であったか、この場所は持続可能な使われ方に充てられてきたか、その維持と活用のための良好なあり方が理解できたか、また、長期的な実効性を保証するための適切な戦略的および財政的な計画プロセスが策定されているか、さらには環境的な持続可能性と遺産のある場所のレジリエンス（回復力）に対して、その事業はどの程度貢献するかも問います。

気候変動は遺産のある場所と私たちの都市／集落の双方にとっての非常に大きな課題なので、より適切なレジリエンスの確保は重要です。続いて、この保存修理事業は地元のコミュニティーの福祉に貢献するかも問います。

私は、これを事業の目的として行うのとこれを単なる事業の副産物として行うのとでは大きな違いがあると思っています。例えば、ある昔の宮殿がホテルに転用され、何人かの人が雇われたなら、それはそれでよいことで

す。他方で、もしこのホテルのプロジェクトが地元のコミュニティーの需要やその他の側面にも貢献する役割について考えているならば、より社会的に意味のある取り組みとなるかもしれません。

持続可能な開発の問題はますます重要になっています。持続的開発について語るとき、既に広く知られているように、国連は全加盟国を対象とした持続的開発のための目標（SDGs）を採択しました。これを踏まえて、ユネスコは持続的開発のための新しい特別な評価指標を提唱しています。持続的開発への貢献において優れた影響力を発揮したプロジェクトに特別賞を与えることで、アジア太平洋地域において、保存作業であれその他の作業であれ、私たちの遺産に関する作業が持続的開発にとって有意義な影響を持ちうるということを示すとともに、好例を集め始めることができています。

つまり、私たちが行っている仕事は単に建物や遺産の場所を保護することだけではなく、これらの建物や遺産の場所の保護によって長期的な持続的開発に何かよい方向での違いを生じさせることも狙っている、ということです。

最後に、技術的達成に関する一連の基準が考慮されなければなりません。この意味から、当該事業は保存修理の技術的課題にいかに対処しているか、を問います。これには、適切な建物、職人、伝統的な施工の実践も含む保存技術が適切に選択されたか、という点を含みます。さらに、適切な材料が使われたかも問いますし、最後に、新しい要素または技術的解決を加えることは必要だったか、これらの新しい要素は場所の持つ意義をいかに尊重し、または向上させているか、を問います。例えば、多くの古建築で活用上の必要から新たに空調設備や照明、トイレなどを追加しなければなりません。そこでも建物に悪影響を

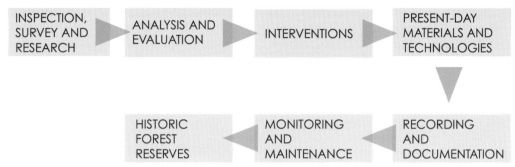

図5 イコモス「歴史的木造建築保存のための原則」保存の各段階

与えるのではなく、よい方向の影響を与えることが課題となります。

イコモス
「歴史的木造建築保存のための原則」

「歴史的木造建築保存のための原則」は、イコモスが木造建築保存の技術的側面について、より詳しく説明するために作成されたものです。実はこれは1999年につくられたものですが、最近になって全面的に改定され、2017年にニューデリーで開催されたイコモス総会で採択されました。イコモスが理論的文書とみなしているこの原則は、木造建築遺産を保存するための段階を示すとともに、各段階における正しい手法についての助言を与えるものです（図5）。

この原則は、木造建築遺産を保存するための適切なアプローチについて、これらの各段階で行うべき様々な項目を示し、それに対応した実践的なガイダンスを提供しています。

最初の段階として、その木造建築遺産を理解するために十分に観察し、調査研究すべきことが強調されています。次の段階は、建築遺産の保存にともなう様々な問題について、その原因も含めて分析・評価すること、とされています。

現れている症状だけでなく、問題を生じさせている原因を理解することで、解決のための適切な対応策を計画するという次の段階に進むことができるというわけです。例えば、建物の一部にシミが見られたとします。この時点で重要なのは、その原因である湿気が屋根の雨漏りから来ているのか、あるいはその他のところからきているのか、ということです。いったんこの種の原因を理解すれば、適切な対処策を講じることができます。現代的な材料や技術の役割についても述べられています。

この原則は全体として、建物の構造体そのものが時間的積層を記録する歴史的資料としての木造建築の重要性に立脚しています。加えて、この原則では保存作業の全体を通じて

図6　タイ・ウタイターニーのワット・バンラーイに見られる木構造の著しい変形

記録を行うことの必要性が説明されます。特に木造建築の場合、解体の過程で重要な歴史的証拠が発見されることがあり、それを記録する必要があります。しかし、同じく重要なのは、事前調査、保存修理設計図書の作成、工事実施の各段階で使用した工具、材料といった様々な側面のすべてを記録することにより、それを将来の保存修理でも参照できるようにすることです。また、木造建築には非常に脆弱な特性があることを考えると、大きな破損の発生を防止するための維持管理とモニタリングを行うことが重要です。最後に、イコモスの原則が語っているもう一つの重要な課題は、木材をどこから入手するか、ということで、伝統的な森林保護の役割についても言及されています。

建物の改変について語られている内容を掘り下げて見てみたいと思います。これまでの国際的な遺産保存の哲学を踏まえて、この原則では「介入措置は建物と土地の物理的および構造的安定性と長期的存続を保証するうえでの必要最小限であるべきである」と述べられています。これは例えば、オーストラリア・イコモスのバラ憲章が、できるだけ少なく必要な限りのことをするように、と述べていることの繰り返しです。また、伝統的な実践にしたがい、改変行為は可能なかぎり、すべて可逆的であるようにすることを求めています。

例えば筋交いで補強する必要が生じた場合は、将来もっとよい補強の方法が開発されたときのために、取り外して新しいものに交換できるようなやり方で行うべき、ということです。同時に、私たちが保存修理で行ういかなる行為も、将来の保存修理の障害とならないように注意し、工事中に見つかった歴史的物証の継承も妨げられるべきではない、とされています。加えて環境への配慮についても常に考慮に入れなければなりません。

さらには、この最小限の介入の原則は、建築遺産のオーセンティシティとインテグリティを担保する助けとなる、ということも述べられています。インテグリティとは遺産が保持している全体性のことです。遺産保存の目が部材のすべてに行き届いているか、不適切な介入や付加によって遺産の価値が損なわれることが注意深く避けられてきたか、そして最も重要なのは、多くの建築遺産は建物として使用されるので、その機能と安全性を確

図7　インドネシア・フローレス島の土着的建築での葺き替えの共同作業

保するための改変に対しても保存と同じ考え方での工夫がされているか、ということです。

　できるだけ最小限であろうとする一方で、保存修理では建物を部分解体もしくは全解体することが必要になる場合があります。例えば、あまりに過剰な補強をしなければ建物を維持できない場合や建物に外的な補強を加えないで現地で保存したい場合は、建物を解体したほうがよいかもしれません。つまり、現状を維持するためには建物の一部を損傷させて何か新しい構造を挿入しなければならないが、その改変にそこまでの価値が認められない場合、ということです。

　この他に、建物の変形が顕著で一旦解体して組み直すことが構造的健全性の回復に有効と考えられる場合があります。タイ中北部の寺院であるワット・バンラーイがその例で、建物の変形によって大きな構造的欠陥が生じているため、その部分を解体し再構築することが最も有効と考えられます（図6）。

東南アジアの木造建築遺産の保存修理における様々な手法

　東南アジアに見られる木造建築遺産の独特な保存修理の考え方を紹介したいと思います。前述の解体修理に関する議論とも関係しますが、木造建築には解体を可能とする伝統の中で建てられてきたものもあって、伝統木造建築には今でいうプレハブに近い形で建てられるものも多くみられます。つまり、接合に釘を用いないことで部材を痛めることなく容易に解体できる土着的な構法によるものです。

　こうした建物は頻繁に解体、再構築されます。しかし現在、解体・再構築が伝統的な知識と材料を用いて行われているかは疑問です。ここに示したインドネシアの事例では、建物の外殻を形づくる草葺の葺き替えが集落の共同作業として定期的に行われています（図7）。

　これとは別に、建物を建ったままの状態で修理して可能な限り当初材をそのまま残すのが好まれる場合もあります。タイ北部に位置するランパーンのルイス・リオノウンズ邸は西洋建築様式のチーク材の建物ですが、その保存修理の事例では、建物を仮設で支えつつ

不具合のある箇所を修理する方法が取られました。

この種の建物には共同体が伝統的あるいは儀礼的な方法で解体・再構築を行う習慣がないので、このようなやり方が合理的だったと思われます。こうした保存修理では、地域の職人たちに任せてよいのか、専門知識を持つ修復建築家の関与を求めるべきではないか、という課題が出てきます。東南アジアには多くの建築家がいますが、修復建築家はごくわずかしかいません。そして専門的な訓練を受けた修復建築家はさらに少ないのです。

非常に体系的につくられた国際原則の類は、建物の科学的な評価や修理計画の策定とともに、保存修理工事の監督についても専門的な関与を推奨しています。他方で、とりわけ民俗的な建築的伝統のもとでは多くの作業が地元の職人たちによって行われているという現実があります。地元の職人たちが伝統的な建築技法についての知識を持ち続けている限り、保存修理を職人の手に委ねるのはとても実際的で許容可能な解決策でしょう。

インドネシアの事例では、どちらでもない混合的な方法が取られました。若い建築家たちのグループが地元の職人たちとともに働き、建物の記録作業のほか伝統的な建築技法と科学的な修理方法を組み合わせて建物の再構築の一部を行いました（**図8**）。

別の問題として、現地で保存するか移築するかの判断があります。東南アジアの木造建築の多くは移築が可能な構法で建てられています。現在はマレーシアのクアラルンプールにある、ルマ・ペンフルという典型的マレーハウスは移築保存の典型例です（**図9**）。この建物は、マレーシアヘリテージトラスト

(Badan Warisan Malaysia) の保護活動と伝統的な生活様式を伝える展示施設として、同本部の敷地に移築復原されたものです。壁はパネル状のプレハブ構造になっていて、取り外したり組み立てたりできるようになっています。したがって、この建物を解体してどこか別の場所に持っていくことは難しいことではありません。

歴史的に見ても、特に住宅建築は、必要に応じて移築するのは当たり前のことでした。保存目的の場合も含めて、木造建築を移築するという東南アジア的な手法に対して、国際的な諸原則ではコンテクストとセッティングのオーセンティシティを維持するために建物を建築当初の原位置にとどめておくことの必要性が強調されています。

もう一つの問題は、オーセンティシティの保存と、よりよき再建 (building back better) という二つの考え方の対立です。年々、多くの歴史的な場所が自然災害に見舞われるようになっています。ジョグジャカルタはインドネシア中部の歴史都市で、今も軸組構造の古民家を含む伝統的建造物群が多く見られます（**図10**）。2006年の地震の後、被災したすべての建物を元通りに再建すべきなのか、高い耐震性能の建物に更新すべきではないか、という問題が生じました。

既存の建物の多くは地震に耐えられるよう機会を捉えた改良が加えられてきていますが、なお改良の余地があるのも確かです。建物を改良する場合、条件によっては建物の形状や建築材料の使用方法を変更せざるをえなくなるかもしれません。したがって、建物の改良を考えるときは、オーセンティシティの保存と災害に対する耐久性を高めることのバラン

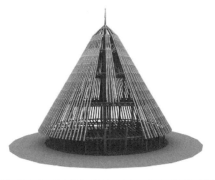

図8　土着的建築の保存修理での建築家グループと地元の職人の共同作業の様子

図9　マレーシア・クアラルンプールのマレーハウス

地震被災後　　　　　　　　　　　　　　地震被災後の修理

図10　インドネシア・ジョグジャカルタの伝統的住居　2006年地震被災後

スをとることが大切です。

　東南アジアの建築遺産の保存方法の採用と決定に関するこのような問題は、私たちに次のような現代的な課題を投げかけてきます。

　課題の一つは木材供給に課せられる制約です。東南アジアの国々の多くでは森林伐採が制限もしくは禁止されています。そのため、保存修理工事を行うために必要な適当な樹種を入手することが容易ではく、不可能な場合もあります。例えば、ミャンマー産のチークは非常に有名で、かつてはビルマチークの床材をどこでも手に入れることができました。ところが現在は床板に使えるような大きさのチーク材を見つけることは不可能です。現代の保存修理工事ではチークの床材が必要であれば代わりになるものを探さなければなりません。

　もう一つの大きな課題は、訓練を積んだ保存の技術を持つ作業員の不足です。つまり、保存修理工事を任せられる大工がいないのです。現代の大工の多くは伝統的な建築技法を学ぶ機会がなく、親方から徒弟の大工に技を伝授する慣習はほとんど失われてしまってい

ます。したがって、現代の大工は伝統的材料や工具の使い方を知りません。最近私たちが行った調査では、大工たちに伝統的な大工道具を見せてほしいと依頼しましたが、多くの大工が買いに行かなければならないと答え、持っていたとしても実際の仕事では電動工具を使っているため新品同様だったりしました（**図11**）。

　一方で、伝統的な建築技法に習熟した大工であっても、彼らが保存の諸原則について理解しているとは限りません。例えば、非常に熟練した大工なら、すべての部材を彼の手でつくり直したほうが建物をよい状態にできると考えるかもしれませんが、最小限の介入を旨とする保存原則に反することは明らかです。すなわち保存の観点からは、できるだけ多くの部材を残すことを目指し、破損した部分だけを見極めて取り替える技術が求められるのです。

　こうした現代の大工が抱える課題に対処するため、ユネスコではSCG財団の支援を受けて、タイ芸術局やタイ労働省技能開発局、シラパコーン大学など様々な関係機関をパート

図11　ほとんど使われていない伝統的な大工道具

ナーに、世界遺産の保護にも寄与するタイ伝統建築の職人技術の復活に向けたプロジェクトを立ち上げました。

　このプロジェクトのもとで様々な取り組みが行われています。第一の取り組みは、タイ国内の伝統木造建築の記録作業で、単に特徴的な建築形態を記録に残すのではなく、建設技術に関する詳細、継手・仕口その他の情報、さらには大工が持つべき知識についても様々な事例を収集することを目的としています。シラパコーン大学のスンタン・ヴィエンシマ教授をリーダーとするプロジェクトチームを結成し、全国を訪問して伝統的な大工技術等の詳細調査を行っています（**図12**）。

　この調査成果に基づいて、木造建築とその保存技術について解説するマニュアルの作成もしています（**図13**）。調査で収集した様々な事例をマニュアルにまとめ、構造のシステムや細部の納まり、建築技法などの意義を明らかにしようとしています（**図14**）。また、建築遺産に見られる典型的な保存上の問題や状態についても種別ごとに解説し、伝統的な大工技術や接合部等の細部、保存のためのノウハウなどを含む、適切な保存修理と管理の方法についての手引とすることも目指しています（**図15**）。

　マニュアルの内容を補足するため、木造建築遺産保存の教育用ビデオも作成し、木造建築遺産の調査と研究から、事前調査、保存修理工事の計画と実施に至る全過程を紹介しています。伝統的な大工仕事で使われる主たる三つの道具、ノミ、手鋸、カンナの適切な取り扱い方についても説明しています。

　建築遺産に関わる大工に声をかけて、保存修理の仕事に誇りを持ってもらうためのコンテストも行っています。日本とは違い、タイの社会では未だ伝統的な大工仕事が軽視される傾向が強いのです。

　このような様々な取り組みの推進力を保ち、長期的に継続していくためには政府の全面的な支援が欠かせません。そのため、タイ芸術局およびタイ技能開発局とMOUを締結しました。このMOUのもと、保存修理に関わる技能労働者のための訓練カリキュラムの作成と定期的な訓練の実施を予定しており、将来的には熟練した技能労働者のための国家認定

 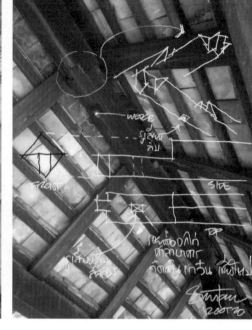

図12　伝統的な建築技術の記録作業

資格を設けることを考えています。
　看護士や空調機器修理技士など実に様々な専門的職能について認定資格制度があるように、建築遺産の保存修理に従事する人々のための正当な資格制度がタイにできることを願っています。こうした条件が整ったあかつきには、どのような保存作業を行うにも、正しく訓練され、正しい資格を持つ技能者の関与が文化遺産の仕事の前提となるでしょう。
　私たちがタイの大工たちに行った聞き取り調査では、保存修理の作業工程、伝統的な大工道具の使用方法、国際的な保存原則についての知識が欠けていることがわかりましたが、彼らの多くがそれらについてもっと学びたいと語っています。また彼らは、木材の仕上げの適切な保存処理やその背後にある科学的な論理についても興味をもっており、理解したいと考えています。
　さらに、伝統的な接合部や仕上げを含む木造建築技術や工程、土着的建築、保存に関連する諸法律等についても、彼らは学びたがっています。
　私たちの調査によれば、結局のところ彼らが最も学びたがっているのは、保存修理工事の正しい方法と技術です。したがって、ユネスコがつくった新しい文化遺産管理のコンピテンシーフレームワークを参考に、現場作業者と職人のための文化遺産保護研修を企画することが有効と考えられます。この文書の中でユネスコは、文化遺産保護分野で働くために必要な知識と技能を定義しました。この分野で働く者は、どのような立場（現場作業者、専門技術者、現場管理者、監督者）であっても、文化遺産の理解力、管理運営の能力、専門技術の能力、そして人格という四つの異なる領域で適格性を有することが求められています（図16）。
　このうち、専門家としてしっかり働くための能力として重要なのは文化遺産の理解力だと考えています。文化遺産に関する法律や規

図 13　大工用のマニュアルの例

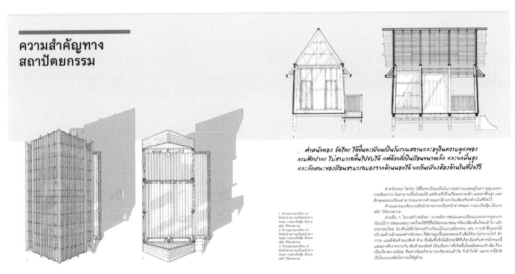

図 14　大工用のマニュアルの例　構造の細部を説明したページ

図 15　大工用のマニュアルの例　接合技術を説明したページ

図 16　ユネスコの文化遺産管理のためのコンピテンシーフレームワーク

則、適切な遺産原則を理解して適応できるとともに、コミュニティーと協働し、彼らの権利と知識を尊重できることが求められます。また、どのような現場で働いていても、文化遺産の理解を周囲に教示し、伝達することを考え、その実行に努めることが求められるのです。加えて、持続可能な開発の原則を理解し、自身の仕事に持続可能な開発の考え方を取り入れて実行していくことも重要です。

および建築技術の記録作業を広げていくことが必要です。もう一つ私たちが優先的に取り組むべきことは、台風などの自然災害や気候変動などの長期的な脅威に対するレジリエンスの強化です。なぜなら、この課題を解決しないかぎり、本当の意味での木造建築遺産の保存を達成することはできないからです。

まとめ

今後に目を向ければ、私たちが注力すべきことの一つは東南アジアの木造建築遺産保存を強化することの優先度を高めることです。ユネスコがタイで行っている上記のような訓練や知識、技術、経験の交換が、他の国々の大工その他の現場作業者にとって有効に働くことは明らかです。まずは東南アジアの他の国々にも、土着的建築や伝統建築の建築形態

参考文献

1. ICOMOS. Principles for the Preservation of Historic Timber Structures (1999, rev. 2017).
2. ICOMOS. The Burra Charter: The Australia ICOMOS Charter for Places of Cultural Significance. (1979, rev. 1981, 1988, 1999, 2013)
3. The Nation. "Fine Arts Department to work on restoration of iconic building in Phrae". 19 June 2020. Downloaded

from: https://www.nationthailand.com/in-focus/30389936

4. UNESCO. Competence Framework for Cultural Heritage Management. Bangkok. Forthcoming.

5. UNESCO. Heritage Homeowner's Conservation Manual for Kotagede Heritage District, Yogyakarta, Indonesia. Jakarta: 2008.

6. UNESCO. UNESCO Asia-Pacific Awards for Cultural Heritage Conservation. Downloaded from: https://bangkok.unesco.org/theme/asia-pacific-heritage-awards

7. United Nations. Transforming Our World: The 2030 Agenda for Sustainable Development. Downloaded from: https://sustainabledevelopment.un.org/content/documents/21252030%20Agenda%20for%20Sustainable%20Development%20web.pdf

総論

東南アジアにおける木造建築史研究と
　　　　木造建築遺産保護をめぐる課題

東京文化財研究所
文化遺産国際協力センター
友田正彦

　本書の序にもある通り、東南アジアの建築遺産と言ったとき、石造や煉瓦造の壮大な宗教建造物か、あるいはヤシの葉などで葺いた屋根をもつ高床住宅を思い浮かべる方が多いのではないだろうか。一方で古来、宮殿や寺院といった、いわゆる高級建築の多くもまた木造で建設されていたことは多くの物証から明らかである。ただその大半が既に失われて現存しておらず、それらの建築に関する記述や図像などを含む歴史資料もきわめて乏しいことから、古代木造建築の具体的姿をうかがい知ることは難しいのが現状である。

　このような制約から既往研究も決して多いとは言えないが、おもに現存遺構を対象とする個別研究[註1]を一旦除けば、フランス極東学院（EFEO）の建築史学者ジャック・デュマルセがアンコール期のカンボジアを中心に古代東南アジアの木造建築というテーマに比較的強い関心を示している。石造遺構に残る木造小屋組の痕跡や屋根瓦の遺物などをもとに考察を展開する Charpentes et tuiles khmeres, (J. Dumarçay, Paris, EFEO, 1973) のほか、Wooden architecture of the thirteenth century (Cambodian Architecture, Eighth to Thirteenth Centuries, J. Dumarçay & P. Royere, Leiden, Brill, 2001) にもいくつかの

復元図が示されている。また、Construction Techniques in South and Southeast Asia – A History –, (J. Dumarçay, Leiden, Brill, 2005) では、インドからマレー島嶼部にかけての各地域の事例を参照しつつ小屋組技法の共通性と差異を論じており[註2]、この種の比較研究としては現時点で最も包括的な成果の一つと思われる。

　筆者は、2015年にも研究会「ミャンマーの木造建築文化」を企画・開催し、同名の報告書を刊行した[註3]。これも含めて、大陸部東南アジア各国における調査研究や保護の取組等に関する大まかな状況までは一定程度情報を共有することができたと考えているが、もとよりこれら研究会は、関連する学術的成果を網羅的に把握することを意図したものではない。特に本書のもととなった都合4回の研究会シリーズでは、考古学的調査によって得られた知見、現存する歴史的建造物、およびその保存修理、という主に三つの異なる視点から、この地域の木造建築をめぐる特質に迫ろうと試みた。企画者の期待としては、それぞれの地域、民族、文化における独自性と共通性を明らかにし、中国やインドを含む外的な要素と東南アジア地域土着の伝統とがどのよ

うに建築のありように反映しているかについての手がかりを得たいとの思いがあった。また、最初に述べたような非常に限られた素材から最大限の情報を引き出し、そこから失われた建築の具体像を演繹的に考察するといった、調査研究の方法論を各国の研究者と共有し、互いに深めていくことも、研究会のもう一つの目的であった。

　第一の論点に関しては、技術の導入と選択について考えるとき、現代の私たちはとかく合理主義的思考に陥りがちである。ある土地に新しく伝来した技術が旧来のものより性能的に優れており、かつそれを実現できるだけの条件が備わっていれば、おのずと古い技術は淘汰されて新しい技術に置き換わっていく、といった一種の思い込みがあるかもしれないが、実際の歴史は決してそのように単純ではなく、様々な要因が複雑に絡み合って伝統の継承と変化が繰り返されてきた。

　例えば、複数の報告者が指摘しているように、耐久性に問題がある掘立柱構造が寺院のような本格的建築においても使われ続けた背景には、構造的合理性といった価値判断の基準とは別に、地面に穴を掘って柱を立てるという行為自体に込められた象徴的、精神的意

味が大きく関係している可能性が高い。同様のことは、建築に使用する樹種の選択などについても言え、大径材の入手の容易さといった要素とともに、各々の樹種に対応する格式が人々の間に暗黙の了解として共有されているといった前提がある。屋根形式に代表されるような全体の様式や意匠が建築の格式や性格を表徴することは世界の歴史的建造物のほとんどに通底する現象だが、技法や構造について考える上でもこのような文化的視点を忘れてはならないだろう[注4]。

　結局のところ、在地の技術と外来技術という論点については、十分に議論を深められる段階にまで至っていないというのが正直な感想である。今回はあまり取り上げられなかった東南アジアにおける建築設計技術、屋根瓦の系譜の問題や、中国文明と常に緊張関係をもって接してきたベトナム北部地域の建築のあり方、あるいは島嶼部と大陸部の比較、さらにはこれも不明な点が多いインドにおける古代木造建築の様相等々、様々な切り口からの研究成果のさらなる蓄積を待つよりほかないのかもしれない。ただ、建築にまつわる知識の伝播は一方向的ではなく、まして単一起源がどこかに存在するといった仮定に立つべ

きでないことは、共通理解として確認できた
と思う。

　第二の論点である調査研究手法に関しては、
東南アジア木造建築史を構築していく上で、
積み残されている課題が非常に多いことを改
めて痛感させられた。

　知られざる古建築遺構や重要な歴史資料が
今後発見される可能性はゼロではないとして
も、最も確実に期待することのできる新資料
が考古発掘成果であることは、本書前半の各
報告からも間違いないだろう。

　ベトナムのタンロン皇城やカンボジアのア
ンコール・トム王宮、バガンをはじめとする
ミャンマーの諸王宮など、古代木造建築遺構
の考古発掘事例は東南アジア地域で近年増加
の一途を辿っているが、その調査過程で得ら
れた知見の情報開示は非常に限定的であり、
調査に直接関わった当事者以外が復元的考察
を行うことができるレベルの一次情報に接す
ることは不可能に近い。

　さらに問題なのは、遺構が明確に残存する
組積造建築物と異なり木造建築では部材その
ものが残りにくい中で、十分な考古学的物証
を逃すことなく入手するためにはこの種の遺
跡に特化した調査経験の蓄積および科学的調

査技術も含めた様々なノウハウが要求される
が、東南アジア諸国ではまだまだそのいずれ
もが不足したまま調査が拙速に行われている
ケースが少なくないことである。すなわち、
調査が進めば進むほど、新たに得られる情報
とともに破壊によって失われる情報も増加す
るというジレンマが存在する。このような問
題の解決に向けて、同じく木造建築の長い伝
統を持ち、膨大な調査研究の蓄積を通じて古
代以来の建築史を描き出すとともに、考古学
分野も含めて様々な調査研究手法を確立して
きた日本が果たすべき役割は非常に大きいも
のと確信している。

　筆者がしばしば訪れるカンボジアでは、農
村部でも寺院本堂の新築は鉄筋コンクリート
造で行われるのが今日では普通になっている。
また、ミャンマーのマンダレーでは戦災で焼
失した王室寺院が近年になって再建されたが、
これも鉄筋コンクリート造であった。いずれ
も外観は伝統的な木造寺院の形態を模しては
いるものの、当然ながら細部の収まりや寸法
は木造とは異なるものになっている。他の近
隣諸国でも大規模な本格木造建造物を新築す
る機会は激減していると思われるが、これは
伝統的な木造建築技術の保存継承という観点

からは大いに憂慮すべき状況と言わねばならない。

　文化財指定されている歴史的木造建造物の修理においても、本来の形式や技法の維持または再現といった明確な保存理念を欠いたまま、単に損傷や劣化への対症療法的に取り組まれている事例が散見されることも残念ながら事実である。森林資源保護のための伐採規制などによって特に大径材の入手が困難になっていることや、それに伴う木造建設コストの上昇など、急激な社会変化の中で旧来の木造建築文化を保っていくことは東南アジアにおいてもますます難しくなってきているのが現状である。

　このような東南アジアの木造建築遺産保存が直面する諸問題については、モンティーラー氏による報告に的確にまとめられているが、そこで指摘されている通り、伝統建築に用いられる材料の枯渇とともに、専門的人材の不足が、各国ともに目前の大きな課題となっている。大工をはじめとする職人の育成などの取り組みが開始されていることは前向きな動きだが、さらにそのような人材が活躍できる機会を継続的に確保していく必要がある。そのためにも、歴史的木造建造物を文化財として正当に価値評価し、その保護のための制度を整備する中で計画的修理を恒常的に行っていくことがきわめて重要である。

　木造建築遺産のオーセンティシティをめぐっては、ながらく建築遺産全般の保存理念の構築をリードしてきたヨーロッパ諸国と、伝統的修理技術に立脚した日本の文化財建造物保存修理のあり方との間で、依然として議論が続けられている。

　このような舞台において、東南アジア地域からの発言は必ずしも活発ではない印象を受けるが、ともすれば建築に込められた精神性や伝統技術といった無形的側面を強調しすぎるあまり、歴史的証左としての建物や部材そのものの物質的保存の必要性が軽視されかねない危うさを感じる場面に遭遇することが少なくないのも事実である。

　木造建築が永続するための自然環境的条件がより厳しく、社会的状況も異なる当地域において日本の手法がそのまま移転できる訳ではないことは明らかだが、文化遺産としての伝統的木造建築をよりよい形で残し、将来に受け継ぐための望ましい道筋を見出していく上で、各国の専門家が互いの経験や考えを披歴しあい、国際的議論を今後も重ねていくことの意義を強調して、本書の結語としたい。

編集上の都合と紙幅の制約から、日本の状況に関する話題提供を含む研究会報告の一部と討議内容を割愛せざるを得なかった[註5]。該当の専門家各位に非礼をお詫びするとともに、報告者をはじめ、ご協力いただいた機関ならびに個人に対し、改めて感謝の意を表したい。

註

1. 例えば、ベトナム・フエ王宮の復元に関する早稲田大学建築史研究室による一連の研究や、各地のショップハウスに代表される歴史的都市遺産の調査、島嶼部をはじめとする民俗建築に対する文化人類学的アプローチなどは既に大きな成果をあげてきている。
2. 同書中でデュマルセは、古代カンボジアやタイ建築にみられる多重の水平梁と束による小屋組の起源はインドにあると推測している。
3. 東京文化財研究所ウェブサイトから PDF 版（日英両語併記）をダウンロード可能。
   https://www.tobunken.go.jp/japanese/
   publication/pdf/Traditional%20
   Wooden%20Buildings%20in%20

Myanmar.pdf
4. もちろんこれは東南アジアに限ったことではなく、例えば日本の宮殿建築で内裏などの居住部分において瓦葺が忌避されたことなどにも通じる。
5. これらについては、序文末尾に記載の各研究会報告書を参照されたい。また、第2回研究会ではアジアの古代都市に関する重要な報告があったが、これも本書には未収録である。

図版出典

第1章

1.1（山形眞理子、チャン・キィ・フォン）

図1　©Google, 2024を山形改変／図2　©Google, 2024を山形改変／口絵1、口絵3、図3、図7〜図21、図23〜26、図28〜図30、図33、図37〜図38　山形眞理子提供／図4　©Ecole française d'Extrême-Orient, fonds Vietnam, EFEO_VIE00711 / vue aérienne, depuis l'Ouest du site des fouilles de la 1er capitale cham Simhapura, actuelle Tra Kieu, Quang Nam (Vietnam), auteur et date inconnus）／図5　© Digital Globe, Inc. All Rights Reserved／図6　Claeys, 1927 Pl. XXXVIII を山形改変（Claeys, Jean-Yves, 1927. "Fouilles de Trà Kiêu", *Bulletin de l'École française d'Extrême-Orient* 27: 468-481.）／図22　丸瓦2点の写真：西村昌也撮影、その他：山形眞理子／図27　地図：©Google, 2024を山形改変、人面紋瓦当図・写真　右上：賀雲翱, 2003（賀雲翱 2003「南京出土的六朝人面紋與獸面紋瓦当」『文物』2003(7)：37-44.）、右中：Lâm T.M.D. 2017. (Lâm Thị Mỹ Dung 2017. *Sa Huỳnh - Lâm Ấp - Chănpa, thế kỷ trước Công nguyên đến thế kỷ sau Công nguyên*. Nhà Xuất Bản Thế Giới, Hà Nội.)、左中：Janse, 1947・1951（Janse, O.R.T. 1947, 1951. *Archaeological Research in Indo-China*, Vols. I, II. Harvard University Press, Cambridge.）、その他：山形眞理子／図31　Nguyen K. D. et al. 2006 Fig. 21.2を山形改変（Nguyen Kim Dung, Ian C. Glover and Mariko Yamagata. 2006. *Excavations at Tra Kieu and Go Cam, Quang Nam Province, Central Viet Nam*. In Bacus, E. A., I. C. Glover and V. C. Pigott (eds) Uncovering Southeast Asia's Past, pp. 216-231, Singapore: NUS Press.）／図32　上：山形眞理子、下：Nguyen K. D. et al. 2006 Fig. 21.10／図34　Nguyen K. D, et al. 2006 Fig. 21.9 を Nguyen Kim Dung・山形改変／口絵2、図35〜図36　Nguyen Kim Dung 提供／図39、図43〜44、図51、図62（図面）　Henri Parmentier ／口絵4〜口絵5、図40（上）、図42、図45〜図50、図52〜図56、図58〜図61、図62（写真）、図63　Tran Ky Phuong 提供／図40（下）〜図41、図57　重枝豊提供

1.2（チャイ・ラッチャナー、ミリアム・スターク、ヘン・ピポル、アリソン・カイラ・カーター）

図1　Evans et all, 2007／図2〜図3　Jacques, Dumarcay and Pascal Royere, 2001／図4　Olivier Cunin 提供／口絵6〜口絵8、図5、図7、図10、図16、図23　Khmer Archaeology Lidar Consortium（KALC）提供

／図 6、図 11、図 12 ～図 13（右）　Chhay Rachna 提供／図 8　MAFKATA 2008, Christophe Pottier 提供／図 9　©Google, 2024 を改変／図 13（左）Jacques Gaucher 提供／図 14　Jacques Dumarcay and Pascal Royere, 2001 ／図 15、図 21　Greater Angkor Project and KALC, Piphal Heng ／図 17　Greater Angkor Project およ び KALC 提供／口絵 9、図 18 ～図 20　Greater Angkor Project and KALC, Alison K. Carter ／図 22　Greater Angkor Project、Piphal Heng ／図 24 ～図 25　KALC 提供図版をもとに Chhay Rachna 作成／図 26　©Tom Chandler, Brent McKee, Mike Yeates (SensiLab, Monash University)

1.3（ジャック・ゴシエ）

口絵 11、図 1、図 5 ～図 6、図 8 ～図 12、図 15 ～図 18　Jacques Gaucher, EFEO / MAFA ／図 2 ～図 3、図 7　Jacques Gaucher, Vanessa Massin, EFEO / MAFA ／口絵 10、図 4　MAFA ／図 13 ～図 14　Vanessa Massin, EFEO / MAFA

1.4（ボブ・ハドソン）

口絵 12 ～口絵 15、図 1 ～図 6、図 8 ～図 9（左）、図 10 ～図 26、図 35 ～図 38　Bob Hudson 提供／図 7　Bagan UNESCO World Heritage nomination dossier, Department of Archaeology, Volume 1, Page 13 (unpublished) ／図 9（右）　Myint Aung, 1969 The contribution of libation jars to defining historical periods (in Burmese) Tetkatha Pyinnya Padetha 4(2) 35-46. ／図 27 ～図 29、図 31 ～図 34　故 U Bo Kay（former director of Archaeology, Bagan）私蔵／図 30　Colesworthy Grant, "A Series of Views in Burmah taken during Major Phayre's Mission to the Court of Ava in 1855".

第 2 章

2.1 （友田正彦）

口絵 16 〜 口絵 19、図 1 〜 図 3、図 7 〜 図 12、図 15、図 16 〜 図 17、図 20 〜 図 27、図 29 〜 図 51、図 53、図 57 〜 72　友田正彦提供／図 4 〜 図 6　重枝豊、大山亜紀子提供／図 13 〜 図 14、図 18 〜 図 19 Bui Minh Tri 准教授提供（"Architectural morphology of Vietnamese palaces in the Ly Dynasty under the light of archaeology", *the Scientific Bulletin of the Center for Imperial Citadel Studies*, Social Sciences Publishing House, Hanoi - 2016, pp. 13-44.）／図 28　Bui Minh Tri 准教授提供（Floor plan drawing of the architectural relic of Lo Giang Palace, Thai Binh (Vietnam). The result of the research project on palace architecture of the Tran Dynasty, chaired by Associate Professor, Dr. Bui Minh Tri, Institute of Imperial Citadel Studies, Vietnam Academy of Social Sciences, 2015-2017.）／図 52　唐聡（重慶大学建築城規学院准教授）提供／図 54 〜 図 55　岡田健（奈良大学文学部教授）提供／図 56　李長蔚（国立台湾芸術大学古跡芸術修護学科副教授）提供

2.2 （ナッタヤー・プーシー）

口絵 20 〜 21、図 1 〜 図 4、図 6 〜 図 16、図 18 〜 図 23、図 26 〜 図 42、図 46 〜 図 47　Nattaya Phusi 提供／図 5、図 43 〜 図 45、図 48　Santi Leksukhum 教授提供／図 17　The National Archive of Thailand 所蔵／図 24 〜 図 25　Mali Khoksantia（元タイ王国文化省芸術局第 3 地域芸術局長）作成

2.3 （フランソワ・タンチュリエ）

図 1　Colesworthy Grant, 1855. *A Series of Views in Burmah taken during Major Phayre's Mission to the Court of Ava in 1855.*／図 2、図 14　Ms. 15027, Yangon Universities' Central Library, Yangon, Myanmar.（as referred to by the author in his PhD dissertation completed in 2011.）／口絵 24、図 3 〜 図 5、図 7、図 13、図 15　Francois Tainturier 提供／図 6　Pierre Pichard 作成（Pichard, Pierre, 2003. "Ancient Burmese Monasteries", in Pierre

Pichard & Francois Lagirarde, *The Buddhist Monastery: A Cross-Cultural Survey*, Silkworm Books, Chiang Mai, pp. 59-74.）／口絵 22 〜口絵 23、図 8、図 10 〜図 11　Francois Tainturier / CKS Vernacular Architecture Program (2004) ／図 9　A. Kirichenko 提 供 ／図 12　Francois Tainturier / WMF Shwenandaw Monastery Conservation Program (2017) ／図 16　Giteau, Madeleine, 1971. "Un court traité d'architecture cambodgienne moderne", in *Arts Asiatiques*, Tome 24, pp. 103-147.

2.4（ポントーン・ヒエンケオ）

図 1、図 3、図 5、図 7、図 9、図 10、図 11　Bancha Chumkesorn 准教授提供／図 2、図 12　Pongthong Hiengkaew 提供／口絵 25 〜 26、図 4　Pongthong Hiengkaew, Nan National Museum Resto-ration Project ／図 6、図 8　黒岩千尋提供

第 3 章

3.1（ポントーン・ヒエンケオ）

口絵 27 ～口絵 29、図 1 ～図 17、図 19 ～ 25　Pongthong Hiengkaew 提供／図 18　Wat Boromniwat（バンコク）／図 26 ～図 30　Sivakorn Co,. Ltd. 提供

3.2（セントン・ルーヤン）

図 1　東京文化財研究所作成／口絵 30、図 2、図 5 ～図 17　Luang Prabang World Heritage Office ／口絵 31（上中）、図 4（右列上から 2 番目）　黒岩千尋提供、（その他）　Luang Prabang World Heritage Office ／図 3 Luang Prabang World Heritage Office Map

3.3（モンティーラー・ウナークン）

口絵 33、図 1、図 11　Montira Unakul 提供／口絵 32、図 2　UNESCO Heritage Award submission dossier for Wat Pongsanuk ／　図 3　UNESCO Heritage Award submission dossier for Wat Kutao ／　図 4　UNESCO Heritage Award submission dossier for Mbaru Niang ／図 5　Montira Unakul 作成、ICOMOS Principles for the Conservation of Wooden Built Heritage（歴史的木造建築保存のための原則、http://iiwc.icomos.org/assets/iiwc-2017-principles-en2.pdf）参照／図 6　Leenavat Teerapongra 提供／図 7　UNESCO Heritage Award submission dossier for Mbaru Niang ／　図 8　UNESCO Heritage Award submission dossier for Mbaru Niang/Ruman Asuh ／図 9　Badan Warisan Malaysia ／図 10　UNESCO (2007). Homeowner's conservation manual: Kotagede heritage district, Yogyakarta, Indonesia, p.144（左）p.123（右）（https://unesdoc.unesco.org/in/documentViewer.xhtml?v=2.1.196&id=p::usmarcdef_0000180608&file=/in/rest/annotationSVC/DownloadWatermarkedAttachment/attach_import_9ec1380c-9335-4a7f-80bb-a3ddea1f9ed1%3F_%3D180608qaa.pdf&updateUrl=updateUrl7039&ark=/ark:/48223/pf0000180608/PDF/180608qaa.pdf.multi&fullScreen=true&locale=en#%5B%7B%22num%22%3A17

60%2C%22gen%22%3A0%7D%2C%7B%22name%22%3A%22XYZ%22%7D%2C3%2C600%2C0%5D) ／ 図 12　Suntan Viengsima 提供／図 13 〜図 15　UNESCO/Banana Studio ／図 16　UNESCO/Warren Field, from the UNESCO Competence Framework for Cultural Heritage Management (https://unesdoc.unesco.org/ark:/48223/ pf0000379275)

著者一覧

友田正彦
　　独立行政法人国立文化財機構東京文化財研究所
　　副所長兼文化遺産国際協力センター長

金井　健
　　独立行政法人国立文化財機構東京文化財研究所
　　国際情報研究室長

山形眞理子
　　立教大学学校・社会教育講座　学芸員課程　特任教授

チャン・キィ・フォン／ TRAN Ky Phuong
　　ベトナム考古学協会　研究員

チャイ・ラッチャナー／ CHHAY Rachna
　　アンコール・シェムリアップ地域保存整備機構（APSARA）
　　陶磁器研究室長

ミリアム・スターク／ Miriam T. STARK
　　ハワイ大学人類学科　教授

ヘン・ピポル／ HENG Piphal
　　カリフォルニア大学ロサンゼルス校　コッツェン考古学研究所　博士研究員

アリソン・カイラ・カーター／ Alison Kyra CARTER
　　オレゴン大学人類学科　准教授

ジャック・ゴシエ／Jacques GAUCHER
　　フランス極東学院　名誉講師

ボブ・ハドソン／Bob HUDSON
　　シドニー大学アジア研究科　特任研究員

ナッタヤー・プーシー／Nattaya PHUSI
　　タイ王国文化省芸術局第6地域芸術局
　　スコータイ歴史公園長、主任考古学者

フランソワ・タンチュリエ／François TAINTURIER
　　インヤー・ミャンマー学研究所　常任理事

ポントーン・ヒエンケオ／Pongthong HIENGKAEW
　　タイ王国文化省芸術局記念物保存部建造物課
　　主任建築家

セントン・ルーヤン／Sengthong LUEAYANG
　　ルアンパバーン世界遺産事務所
　　管理部門長

モンティーラー・ウナークン／Montira UNAKUL
　　ユネスコバンコク事務所　ナショナル・プロフェッショナル・オフィサー

本書は、東京文化財研究所（東文研）が 2017 年から 2020 年にかけて「東南アジアにおける木造建築遺産」をテーマに開催した年次研究会の内容を再編したものである。本書が対象とした研究会の開催日と主題、開催場所を以下に記す。

1.　　2017 年 2 月 13 日
　　　「考古学的知見から読み取る大陸部東南アジアの古代木造建築」
　　　東文研セミナー室

2.　　2018 年 1 月 19 日〜 20 日
　　　「東南アジア古代都市・建築研究会」
　　　東文研セミナー室

3.　　2018 年 12 月 16 日
　　　「大陸部東南アジアにおける木造建築技術の発達と相互関係」
　　　東文研セミナー室

4.　　2020 年 11 月 21 日
　　　「東南アジアにおける木造建築遺産の保存修理」
　　　オンライン

　本書に掲載した各論考は、各研究会記録をもとに編集で原稿を作成したものを、各寄稿者が確認・修正した。各論考の写真・図版は各寄稿者の協力に基づき選出したものである。図版出典にて作成・撮影者等を明記する。

謝辞
　上記の研究会の開催および本書の作成に貢献いただいた研究者、専門家ほかすべての関係者に、この場を借りて心から感謝申し上げます。

大陸部東南アジアの古代木造建築を考える

2025 年 3 月 31 日　第 1 刷発行

編集	友田正彦
	金井　健
	ヴァル・エリフ・ベルナ
	黒岩千尋
発行	独立行政法人国立文化財機構　東京文化財研究所
	〒 110-8713　東京都台東区上野公園 13-43
	電話 03-3823-2241
発売	鹿島出版会
	〒 104-0061　東京都中央区銀座 6-17-1 銀座 6 丁目-SQUARE 7 階
	電話 03-6264-2301　振替 00160-2-180883
印刷製本	壮光舎印刷

©Tokyo National Research Institute for Cultural Properties 2025, Printed in Japan
ISBN 978-4-306-08574-9 C3052

落丁・乱丁本はお取り替えいたします。
本書の無断複製（コピー）は著作権法上での例外を除き禁じられています。
また、代行業者等に依頼してスキャンやデジタル化することは、
たとえ個人や家庭内の利用を目的とする場合でも著作権法違反です。